基于社会心理学的消费者行为研究

石兵营　孟祥林◎著

图书在版编目（CIP）数据

基于社会心理学的消费者行为研究 / 石兵营，孟祥林著 . -- 北京 : 企业管理出版社，2020.10

ISBN 978-7-5164-2014-0

Ⅰ . ①基… Ⅱ . ①石… ②孟… Ⅲ . ①社会心理学—应用—消费者行为论—研究 Ⅳ . ① F713.55

中国版本图书馆 CIP 数据核字 (2019) 第 186840 号

书　　名： 基于社会心理学的消费者行为研究
作　　者： 石兵营　孟祥林
责任编辑： 赵　琳
书　　号： ISBN 978-7-5164-2014-0
出版发行： 企业管理出版社
地　　址： 北京市海淀区紫竹院南路17号　邮编：100048
网　　址： http://www.emph.cn
电　　话： 编辑部（010）68416775　发行部（010）68701816
电子信箱： qygl002@sina.com
印　　刷： 河北宝昌佳彩印刷有限公司
经　　销： 新华书店
规　　格： 710mm × 1000mm　1/16　11印张　141千字
版　　次： 2020年10月第1版　2020年10月第1次印刷
定　　价： 68.00元

前　言

这是一部社会学视角下的研究消费者行为个案与背后理论依据的图书，也是一本不一样的社会工作实务手册，用社会心理学来把脉服务对象需求，精准回应需求，有针对性地设计服务方案，有效地开展专业服务，其中没有社会工作的字眼，但每个字都瞄准了“提升服务成效”这个靶心。书中以鲜活的案例撩开消费者行为背后的真实需求的面纱，通过社会心理学视角下的精准需求分析，从研究消费行为入手为社会工作者化解需求评估不精准、服务方案不适切的困境提供借鉴。本书基于社会心理学视角描写消费者的行为，这里的消费者还有一个名字叫服务对象，这里的产品还有一个名字叫服务产出，这里的商家是社会工作服务类社会组织，这里的利润是成效，这里的购买是接纳。通过研究消费者行为，让社会工作者用社会心理学思维钻到社区居民心底，思考消费者所想，满足消费者所需，让社会工作者与服务对象成为“并蒂莲”，心连着心、气通着气，双方都通过自己的方式助力居民获得感的提升。

基于社会心理学视角研究消费者行为是社会工作走向精准服务

的重要环节。服务对象在各个方面提出了消费需求，虽然特定服务对象的消费愿望与一般意义上的消费存在不同，但也是遵循一般的规律的。因此，研究消费者行为，让社会工作者为服务对象提供更加周到的服务，就成为社会工作走向精准服务的必修课。“消费者行为”是一门非常复杂的学科，该门学科就是要从研究人入手，让产品符合消费者的需要。“消费者行为学”与“市场营销学”是紧密联系在一起的，但二者所肩负的职责是有差别的。营销是通过恰如其分的营销技巧让消费者认可产品，让产品走向千家万户，商家在这个过程中也就获得了丰厚的利润。如果说营销是在做“表面”文章，“消费者行为学”就是“攻心术”，通过钻研消费者的内在动因，达到更好的营销目标。营销虽然是以商家盈利为最终目的，但在此前一定要通过巧妙的方式将消费者“套住”，为了达到这个目标，商家按照传统套路出牌就不可能达到理想的效果。商家做买卖非常辛苦，但消费者认可商家的产品并不是以怜悯商家为前提的。消费者需要以自己的选择标准为核心“为难”商家，消费者的需求导向就是产品进步的方向。商家与消费者是在双赢基础上实现合作的。商家如果希望消费者心甘情愿地从自己的腰包中掏出钱来成为商家的利润，首先就需要为消费者做点什么。让消费者体会到自己的良苦用心并且通过自己为消费者奉献上细致周到的服务让消费者感到满意，这样的经营项目才会有前途，这样的产品才会在更大的消费群体内流通，商家也能在此间获得丰厚的回报。著名管理学家德鲁克说过：商家生产产品的首要选择是创造顾客。如果产品的思考前提不是这样的，而是为了赚钱，则商家就会具有蒙骗消费者的投机心理，或者通过偷工减料降低产品的含金量，或者通过替代原材料使产品以次充好。商家虽然可能在短时间内得到一些收益，但这种做法无异于饮鸩止渴。所以，聪明的商家不会采用如上的小聪明做法，而是要不断分析消费者需求并努力完善产品，让消费者成为自己产品的忠诚顾客。

同样的商品经过不同人的手就会创造不同的销售业绩，这说明不同的人在销售过程中的能力是有差别的。商家将手中的商品卖给消费者并非只是简单的一买一卖，中间历经的“九曲回肠”只有聪明的且善于创新的人才能够有更多的理解。智慧的商家就是要想消费者之所想、卖消费者之所求。做好“消费者行为学”这篇文章，就可以让商家在营销方面有所创新。创新实际上并不是个新名词。创新概念是经济学家熊彼特在1912年出版的《经济发展概论》一书中提出来的。熊彼特认为，创新是指把新的生产要素和生产条件进行结合后引入生产体系的结果。产品为了在市场上产生较强的竞争力，不仅需要在产品本身的含金量上做文章，而且需要进行营销创新，“酒香也怕巷子深”。一般来说，营销创新需要坚持如下几条原则：①创新应该以产品为核心；②瞄准目标市场；③创新应该持续进行；④不能盲目复制。

商家只有认真琢磨消费者的内心世界，并在产品的生产以及销售方面做到匠心独运，产品才会有更多的卖点。有时候，产品的内容是一样的，但在产品以更为新颖的形式呈现在消费者眼前的时候，消费者很可能就会买账。成功的营销策略始于成功的消费者行为分析。诸如五趾袜子、时尚土鸡蛋、亲子装、小糯粽、保健火锅、彩色面条、单身T恤等这些产品，不用说见到真正的产品，单是这样的名字就让人很着迷了。这些都是经营者通过创新的经营思路引爆其产品的。这些创新点子有的是经过苦思冥想后得到的，有的完全是来自生活中的点滴体会。由此，我们认为：创新产品需要产品的经营者更多地去感悟生活，从消费者的角度认识这个世界，从生活实践中找到创新的灵感。在普通中发现特殊，从偶然中思考必然，从点滴中推及整体，从单一中创造多元。创新就是经营者不断改变自己的过程，需要经营者从商战的“缝隙”中不断发现商机，并且在不断分析消费者的过程中主动创造“缝隙”进而演绎成自己经营的主题。产品为消费者着想，消费者就会为产品“投票”。

本书可以作为高校市场营销专业“消费者行为学”课程的教材，也可以作为其他相关学科的参考材料。由于本书中讲述了很多成功案例的具体做法，所以还可以为创业者提供参考。

石兵营　孟祥林

2019 年 8 月于华北电力大学

目 录

第六章 文化与消费行为

第七章 社会阶层与消费行为

第八章 社会群体与消费行为

参考文献

后 记

第一章
消费者购买决策

消费者在购买商品之前，总是要问这问那，这实际上是消费者搜集信息的过程。消费者对自己不熟悉的商品，总是在多次收集信息之后才能做出购买决策。消费者这次也许不会购买商品，但并不意味着下次也不购买，商家需要做的就是为消费者耐心答疑解惑。商品的质量、价格，服务人员的态度，销售的时间、环境等都会在不同程度上影响消费者做出购买决策。

导读

导入案例

苏教授“九曲回肠”的购车决策

苏教授终于将汽车开回了家，但回忆起购车的历程，苏教授颇有感慨。为了买车，苏教授咨询了很多人，看了很多书，经历了几次家庭讨论，跑了无数次的汽车市场，苏教授的购车过程可谓是九曲回肠。

苏教授的购车过程可以写一部小说了。苏教授是一个谨慎的人，他认为汽车不是个小物件，不但要买称心的，而且要结合自己的实际能力进行决策。在苏教授看来，奔驰、宝马与自己并不相关，自己的目的在于购买一个相对体面的交通工具，并不想与同事攀比，但车的档次也不能显得太寒酸。苏教授在购车前就有这样的购车标准：车的价位要与自己年龄相当的人基本持平，要比年轻人的车价位稍高。苏教授最初并不想买车。由于身边的同事都有车了，同事在一起聊天的时候大多聊的是有关车的话题，苏教授由于没有车，对车也不太关注，与同事交流的话题就相对较少。与同事没有交流的话题，自己就会被边缘化。在这种情况下，苏教授决定，虽然自己并不是非常需要车，但也一定要购买一台，这样就能够与同事、朋友等“平起平坐”了。

为了购买到心仪的车，苏教授在浏览网页的时候，开始关注有关车方面的内容了，而且还购买了很多相关书籍，对选车需要注意的问题、不同车系的特点及出现的常见问题和保养方法等相关知识非常在意。苏教授认为，自己在车方面是一个“门外汉”，只有通过搜集大量信息并成为一个内行后，才会知道什么样的车最适合自己。所以，苏教授经过一段时间的学习后，几乎变成了选车方面的专家了。在与家人吃饭的时候，苏教授最感兴趣的话题与车有关；在看电视节目的时候，只要看到在播有关售车的节目，就不允许别人换频道，而这时也会引起家人的不满。由于谁也拗不过苏教授，结果只剩下苏教授一个人在看电视了。苏教授对这些并不在意，在他看来，购车是个辛苦的决策，自己这是在为全家人着想，家人不但不应该反对自己，反而应该表扬自己。

苏教授对车越来越有研究了，在选车方面，苏教授认为应该注意“三绝”，这是做出科学决策的前提。“三绝”即“看、摸、闻”。“看”就是看外观，“摸”就是摸硬件，“闻”就是闻气味。从车的外观形态到车的内在品质全方位打量，发动机配置、车底盘高度、车内空间、车头长度、车灯及耗油量、保养等都是应该详细咨询的问题。苏教授知道，光看书、看电视节目了解车是不行的，为了了解更多的信息，苏教授一旦有空闲时间就会到车市逛逛。有的汽车4S店去过多次了，但无论苏教授提出何种问题，售车人员都会非常耐心地为苏教授解答。售车的服务人员对苏教授说：“老先生，我们都认识您了，您也有些太过谨慎了，不用担心，我们这里的汽车都有质量保证。”但是，“谨慎”是苏教授教书大半生以来养成的职业病，无论售车人员怎样说，苏教授认为在自己没有成为“汽车通”之前是不能轻易购车的。

在搜集各种信息的过程中，苏教授非常在意身边的熟人都购买了什么车。虽然同一系列的车在价位上千差万别，但苏教授认为，车的品牌很重要。苏教授希望购买一台人们普遍接受的品牌汽车，在苏教授看来，绝大多数人都接受的品牌应该是没有问题的。苏教授的儿子有时也会质疑苏教授：别人认为好的东西就好吗？苏教授有时候对自己也会发出疑惑：自己年轻的时候也不是这样的，怎么随着年龄增加，自己变成这样了呢？每当苏教授"虚心"地向家人求教时，儿子就会说他"虚伪"，儿子的不配合态度让苏教授的买车决策难度更大了。苏教授觉得，汽车并不是自己独享的物件，家庭中的每个成员都会成为这辆车的受益者，应该多听听家人的意见。苏教授的夫人对苏教授颇有微词：你不是总说自己"不差钱"吗？我看你从内心深处还是在乎钱的，买车后你是"司机"、我是"乘客"，还是按照你的意愿买吧，不要让别人的想法过多地影响你，也不要让更多的"技术指标"影响了你的决策。如果前怕狼后怕虎，你的车永远也不能开回家。夫人的话让苏教授缩短了购车决策的时间。现在，苏教授的车就停在自己家的窗下。

第一节　问题认知和信息搜集

人们为了维持生存就需要不断地消费物质产品，但这些消费品并不是消费者自身就能够生产出来的。为了维持自身的多样化消费需求，消费者每天都要面临购买决策。但是，购买不同的产品消费者做出购买决策的难易程度是有差别的。人们购买油盐酱醋和购买轿车、房子等产品的时候，做出决策的难易程度显然是存在差别的。人们在购买一些日常生活用品的时候，不需要费尽周折去搜集相关信息，这种消费属于惯常性购买行为。但是，对于那些耐用消费品，消费者在做出最终购买决策之前需要搜集各方面的信息，以免日后出现不必要的麻烦。

消费者第一次消费某产品之前，由于对产品很多方面是未知的，心中不免会存在很多疑惑。消费者需要通过各种渠道获得有关产品的信息，以期对产品进行深入认识。消费者认知问题和搜集信息的过程就是解决问题的过程，这个过程的主要目标就是解决心中的疑虑。消费者在购买产品的时候，总会在现实状态与理想状态之间产生差距，消费者的认知过程就是要弄清楚这种差距并让这种差距减小到最小程度的过程。消费者对问题的认知过程受到时间、环境、产品特点以及个体差异等多方面因素的影响，不同消费者对产品的关注程度也存在这样或那样的差别，这就使得信息搜集过程更加复杂。信息并不是简单的数据堆砌，搜集到的数据只有经过条理化之后才能够称得上信息。

信息的来源渠道很广泛，除了消费者自身的经验外，可以通过同事、亲友及网络和其他大众媒体、商业广告等方式获得。信息越丰富越有助于消费者做出正确决策。但是，现实中有很多因素会影响到信息搜集。在经济层面，消费者会考虑信息搜集成本，如果在信息搜集过程中牵扯精力过多，这会影响到消费者的心情，在做收益成本分析后，消费者也许会做出拒绝购买产品的决策。消费者搜集信息的渠道越广，对产品的了解就越深。所以，商家要尽量创造条件让消费者接受产品信息，让消费者对产品信息唾手可得。消费者所需要的信息往往并不是商家传播的信息，商家要从消费者的心理角度考虑问题，为消费者做出购买产品的决策提供充分的信息。

第二节 消费者购买决策

一、购买决策的特点

（一）目的性

消费者购买某种产品是为了达到一定的目的：购买矿泉水是为了解渴，购买羽绒服是为了保暖……所以，商家在制造和宣传产品的过程中，也一定要从目的性上做文章，瞄准消费者某个最为关注的需求，对产品的核心特点进行宣传。就像脑白金的“健康品，年轻态”和王老吉“不上火”的宣传一样，用语非常简练，每个字都能够打动消费者，产品在宣传中将自身的核心特征非常精准地告知消费者，让消费者看见了产品之后就情不自禁地“上钩”。如果产品本身特点不鲜明，让消费者从这个角度看着像“男”，从另外一个角度看着像“女”，那么，产品就是“不男不女”，这种产品的结果只能是“男的不恋，女的不爱”，产品就很难找到“婆家”了。

（二）过程性

用较少的花费或者用相同的花费取得较大的收益是消费者行为的一般准则。为了达到这样的目标以及为了尽量减少消费风险，消费者在做出消费决策之前，总是要对产品进行考察，弄清楚有关产品的诸多细节。消费者在产生消费愿望之前，不但有这样一个反复甄选和推量的过程，而且还有一个消费愿望得以激发的过程。产品只有引起消费者的注意，才有被消费者消费的可能。消费者对产品总是要经历一个“无意→留意→在意”的过程，商家需要做的事情就是要让这个过程尽量缩短。商家需要用到位的宣传手段让消费者充分接收产品信息，感受到产品能给消费者带来什么样的好处。

（三）情境性

消费者购买某种产品是需要一定的消费情境的。在不同的情境中，消费者的消费愿望有较大的差别。擅长在消费情境上做文章的商家，产品就很容易吸引消费者。人配衣服马配鞍，消费情境就是商家在为产品这匹好马配上一个好鞍。为了营造一个较好的消费情境，商家一定要别出心裁，在读懂消费者心声的基础上，让消费者愿意到这里来消费。超市中货架的摆放、产品的丰富程度、服务人员的穿着、播放的音乐、促销标识的设计等很多方面都会对消费者产生这样或者那样的影响。有统计表明，超市中有欢快的音乐会延长消费者在超市中的逗留时间，这就是消费情境在对消费者行为产生影响作用。商家只要精心塑造消费情境，让消费者产生较为强烈的消费愿望，销售额就会增加。

（四）差异性

一般而言，不同的消费者的需求都会存在一定的差异，所以，商家在营销产品的时候，就需要进行市场细分，让自己的销售策略具有较强的针对性，商家只有这样才能够做到“弹无虚发”。这种差异性表现为绝对差异和相对差异两个方面。绝对差异是人们之间不因时间、地点而改变的差异，人们由于性别、年龄、兴趣、爱好等的不同而在消费方式上会有不同。除了绝对差异外，消费者的消费差异还表现为相对性，即消费者的消费愿望具有不确定性，消费者购买或者不购买某种产品，与当时的环境状态也是有关系的。消费者也许这一刻还不想购买某种产品，但下一刻就可能想购买该种产品了。商家的宣传、亲朋好友的介绍、其他消费者的消费行为等都会对消费者产生这样或者那样的影响。

“穿越餐馆”就是穿越时光隧道的餐馆。过着富裕生活的现代人具有怀旧的心理，“穿越餐馆”就是从“差异化”方面做文章、为消费者奉献上另类餐饮产品的餐馆。“穿越餐馆”内设置很多的分区，每个区域内都有不同的消费主题，如“明朝清朝”区域、“大唐盛世”区域等。这些以时间划分的区域让“穿越餐馆”内呈现出了色彩纷呈的景象。每个区域所吃的饭菜、使用的餐具、服务人员的穿着、说话的声音等都是不同的。消费者只要进入到相应的区域消费，眼前马上就能够呈现出一幅那个时期的图景。消费者不仅可以得到舌尖上的享受，还可以得到视觉上的享受，在消费过程中体会到那个时代的文化享受。“穿越餐馆”不仅创意独到，而且菜品也别具韵味，人们都纷纷到餐馆中消费。“穿越餐馆”中的“穿越”二字是最大的亮点，这让该餐馆很好地从普通餐馆中区分了出来，“差异化”让消费者感觉到该餐馆的不同，“穿越”让消费者感觉到该餐馆“此时无声胜有声”。

（五）时限性

一些消费行为具有时限性，人们夏季穿短裤、冬季穿羽绒服，端午节吃粽子、正月十五吃元宵……这些消费行为发生的时间都是比较短暂的。虽然时间很短，但任何商家都不会错过这样的时机。在这样的短暂消费到来之间较长一段时间内，商家就会为这种消费预热，让消费者知道商家已经为其准备了精美的消费品。商家也可以通过一定的营销技巧，让短暂消费变成惯常性消费。例如，传统思维中，人们都是在端午节吃粽子，但现在出现了很多专门售卖粽子的店铺，粽子也与先前有了较大的差别，个头更加小巧，花样也更加翻新。粽子消费已经突破了原来的时间限制。人们的生活条件好起来了，可资选择的消费方式也变得多样化了。

英国王子查尔斯与戴安娜决定花费十亿英镑在伦敦举行婚礼庆典，很多商家都瞄准了这个发财的良好时机。有商家预测到，在庆典的时候，从白金汉宫到圣保罗教堂，沿途会挤满近百万观众，但这些观众中只有最前面的观众才能够清晰看见这仅有的瞬间。人群中排在后面的人是没有机会看见查尔斯王子的帅气和戴安娜的美艳的。于是，有商家突发奇想：如果能够制造出一个价格很低的潜望镜卖给消费者，就能够解决这个问题了。这个潜望镜必须在婚礼进行的一刹那出售才能赚到钱。这个潜望镜不能很贵，因为人们平时用不着这样的潜望镜，潜望镜只在这个婚礼进行中才是有用的，用完后人们就会将其扔掉，这个潜望镜的价格一定不能高于一英镑……在婚礼开始的时候，很多排在后面的人正在为看不到婚礼场面而焦急万分时，突然从身后传来了“请用潜望镜观看婚礼”的叫卖声，商家在事先准备好的车上摆满了价格非常低廉的“王子牌”“王妃牌”潜望镜。人们开始疯抢，几十万个潜望镜就在短短的几分钟之内销售一空。“旷世婚礼”这样的商机稍纵即逝，但智慧的商家抓住了这个时机。智慧就是生产力。

（六）可变性

人们的收入状态、消费偏好、其他人的消费态度等都会影响消费者行为，人的情感是不断变化的，这就注定了人们的消费行为也不是规定不变的。例如，人们在没有空调的时候喜欢吹电扇，但随着空调逐渐普及，空调基本上取代了电扇。虽然也有一些人在吹电扇，但空调已经成为大多数人的消费选择。商家循着消费者的愿望不断推陈出新，商家生产行为的改变不断改变了消费者行为，两个“改变”遥相辉映，让人们的生活变得五彩斑斓。

（七）模仿性

人们在消费中具有模仿性，一件衣服穿在他人身上看上去很好看，其他人也会模仿这种消费。消费过程本身就是一种广告。人们经常会看到这样的事情，同事、朋友买了一件新衣服，很多人（尤其是女性）就会围拢过来问这问那，过了不多久人们就都穿上了这样的衣服。如果一个人化妆之后肤色非常好，这也会引起同事、亲友的关注，问一问是用了什么牌子的化妆品、使用的方法，很快，人们的脸都“靓”了起来。模仿在消费过程中发挥着非常重要的作用。商家为了渲染这种效果，在做广告的时候，如果是销售化妆品，一定要让代言人在屏幕前表现出使用的状态，并且会让消费者看清楚用了化妆品的前后变化，用这种效果极力感染消费者，从而激发消费者的购买欲望。在宣传有关吃的产品的时候，一定要在宣传的过程中表现出很好吃、很陶醉的样子，让看到这种宣传的人欲罢不能。对某种产品没有消费经历的人，往往都是看着别人的消费感觉而产生消费愿望的。商家首先要激发消费者产生模仿消费的愿望，然后就能够形成现实版的消费行为了。

二、消费者决策的类型

消费者的购买决策受到多种因素的影响，收入、价格、地域、对产品的了解程度等都会在一定程度上影响消费者的决策行为。一次性花费在消费者的月收入中所占的比例也是影响消费者购买决策的重要因素之一，这个比例越高，消费者做出购买决策时就会越慎重；反之，消费者就会非常轻松地进行消费决策。根据消费者在购物过程中的参与程度以及产品品牌的差异，阿萨尔将消费行为区分为 4 种类型：复杂型购买、和谐型购买、习惯型购买、多变型购买。

（一）复杂型购买

图 1-1 表示了消费者购买行为的 4 种类型，纵轴代表品牌差异程度，横轴代表消费者介入程度。第一象限代表的是消费者介入程度高和品牌差异大的购买行为——复杂性购买。这种情况下，消费者对产品了解程度不够，购买的花费较高。为了降低购买风险，消费者就要充分搜集产品各方面的信息，消费者了解产品越全面，对产品的信任程度就会越高，在消费过程中就会越放心。这种购买行为往往需要经历较长时间，人们从开始接触这种产品，到最后消费这种产品，需要经历一个“产生疑惑→搜集信息→消除疑惑→购买产品”的过程。人们购买房子、轿车的消费行为就属于复杂型购买。复杂性购买也是随着社会经济发展而不断变化的。在人们生活条件比较差的时候，买一件衣服、买一个收音机就需要花费很多的钱，这样的消费行为在当时应该归为复杂性购买。但是，现在人们的生活条件变好了，没有人再认为这种消费属于复杂型消费了。再如，20 世纪末的时候，人们购买一台电脑或“大哥大”属于复杂型购买。但是，现在没有人会认为购买电脑或者手机是复杂型购买了。当然，购买价格较高的这类消费品还应该归为复杂型购买。

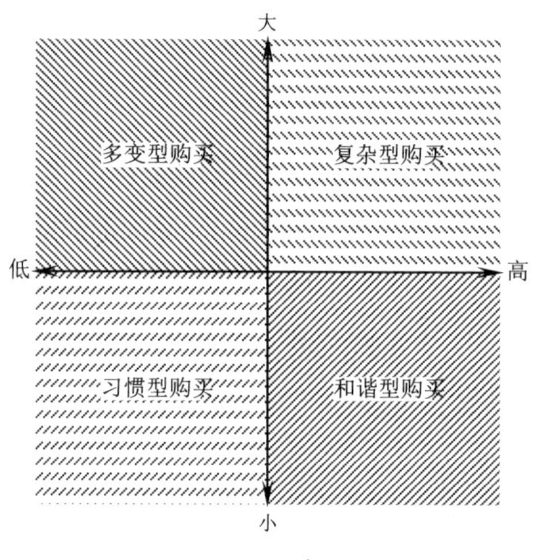

图 1-1　4 种消费行为类型

（二）和谐型购买

图 1-1 中的第四象限表示和谐型购买，这种购买类型下的产品品牌差异小，消费者的介入程度较高。这类产品由于与其他类似产品有很多相似之处，消费者虽然在购买产品的时候也会保持谨慎态度，也通过较高的介入消除对产品的疑虑。但是，消费者的关注点更多是价格的优惠程度、是否需要花费更大的精力、产品的售后服务等诸多方面。在产品的性能特点等方面，消费者无须再花费更多的精力，因为消费者此前已经消费过其他的类似产品，消费类似产品的经验也可以加大对该产品的信任程度。这类产品在技术上一般都比较成熟，消费者在产生购买动机与做出购买决策之间不需要花费更多的时间。但是，在购买了这类产品之后，消费者就会搜集相关产品的信息，在类似的产品之间进行比较，非常担心由于搜集信息不够全面而导致做出购买决策过于“草率”。消费者要通过搜集相关信息找到心理平衡。很多消费者可能都有这样的消费体验，在购买了某品牌的产品之后，对市场上其他品牌的同类产品就非常关注，在逛街的时候就非常关注类似产品，看看先前自己买的产品是贵了还是便宜了。如果买贵了，以后买同类产品的时候一定会多加小心；如果买便宜了，就不会再说什么。

（三）习惯型购买

图 1-1 中的第三象限表示的是习惯型购买。这种购买类型中，消费者的参与程度较低、产品的品牌差异较小。比如，人们在购买日常消费品的时候大多不会有太多的犹豫。人们每天都会吃饭、喝水，逛超市的时候要买饮料、牙膏等产品，这些都属于惯常性的消费品，人们非常熟悉挑选这些产品的办法，也非常清楚市场上有几种常见的品牌，相比为购买冰箱、空调等这些大件产品而做决策的时候所费的周折要少很多，消费者需要关注的是产品的生产日期、价格等。这些产品没有太大的差异，消费者会尝试购买多种品牌的

产品。这样的产品由于都属于日常消费品，消费者会周期性地购买，产品的消费量大，周转周期较短。超市给人们带来了“一站式”购物的方便，消费者在购买食盐的时候，往往会顺便捎带购买一瓶酱油。看上去，消费者购买产品非常随意，但这正是习惯型购买的特点。消费者在短时间内可以做出购买决策，决策的依据完全是先前的经验，很多时候不需要与其他人商量。

（四）多变型购买

北京烤鸭是很多人非常喜欢吃的，但总是吃，消费者也会厌烦。消费者需要经常变化口味，以便让自己的生活变得丰富多彩。以衣服为例，在生活条件比较差的年代，人们有两身换洗的衣服就不错了。生活条件逐渐好了起来，穿着就有了更多的选择。人们对生活的关注点开始从原来的“数量”转向“质量”。消费者的“需”与商家的“供”之间相互依托，让消费行为逐渐繁荣了起来。

目前，市场上的雪糕种类非常丰富，按照不同依据可以划分出不同类型。按照含脂率的高低可分为高级奶油雪糕、奶油雪糕和牛奶雪糕等，含脂率依次降低，消费者可以根据自己的需求选择自己钟情的一款。按照雪糕的形态可以分为砖状雪糕、杯状雪糕、锥状雪糕以及装饰雪糕等。砖状雪糕的形状像砖，通过在盒状容器中硬化而成，通过不同的天然色素处理，繁衍成各种颜色和口味，能够满足消费者的多样化需求。杯状雪糕、锥状雪糕也是将雪糕经过相应形状的容器进行硬化成型做成的。装饰雪糕则别有韵味，在已经做好的雪糕上面用奶油做成漂亮的图案或者装饰上文字，能够给消费者带来视觉享受。消费者吃到嘴中的是美，感受到的是乐。当然，在雪糕中还可以加入不同的香料，雪糕摇身一变成了香草雪糕、巧克力雪糕、薄荷雪糕等，雪糕香型的丰富化更增添了卖点。人们在雪糕制作工艺上还在不断创造花样，在雪糕中加入不同的特色原料，雪糕于是就变成了果仁雪糕、水果雪糕、布丁雪糕、豆乳雪糕。雪糕从原来只有一张脸的传统造型变成了四川变脸。这样的变脸是消费者所喜欢的。人们正是在这样的变脸中体会到了乐趣，商家在充分满足了消费者“多变型消费”需求的同时也挣得盆满钵满。

第三节　购买行为的影响因素

影响消费者购买的因素非常多，既涉及内部因素，也涉及外部因素。内部因素包括消费者的年龄、性别、素养、偏好等，这些与生俱来的东西很难改变，会伴随消费者一生。外部因素包括社会环境、家庭环境等。内部因素与外部因素对消费者行为都在不同程度上产生这样或者那样的影响。

一、内部因素

（一）心理

消费心理包括动机、感受、态度、学习等多种因素。动机是人们希望占有某种事物的欲望，如人们渴了的时候就会想到喝水。正常人都具有色、声、香、味、触、法等六欲和喜、怒、忧、思、悲、恐、惊等七情。动机是产生需要的前提，在不同的时间、地点、年龄，人们的需求动机不同，从而产生的消费行为也会有很大差别。人们需求动机也是复杂多样的，除了生理性动机外，还有心理性动机。生理性动机如人们渴了需要喝水、饿了需要吃饭、冷了需要穿衣、热了需要纳凉，与这些基本生理活动相对应，人们就会产生消费行为。心理动机主要是为了达到心理满足。商家抓住了消费者的需求心理，就会不断让产品更新换代，用新功能不断调动消费者的胃口。除了求新等心理外，消费者还具有求实用、求安全、求廉价的心理。消费者也是经济人，在消费的时候，总是希望以最小的成本获得最大的收益。

（二）年龄

不同年龄的消费者在消费方式上差距很大。小孩子见到玩具等就走不动路了。随着年龄长大，小孩子开始从玩具中走了出来，到了上小学的年龄，开始关注学习用品。上了小学之后的孩子就逐渐开始知道攀比，这无形中也会给商家带来巨大的利润。孩子长大后，大学毕业了就要谈婚论嫁，这时候关注的是房子、车子等这些关乎基本生存的相关问题。在结婚之后，就开始关心养育儿女的问题。在考虑养育孩子这件重大事情的同时，由于父母也变老了，还要关注父母的身体健康问题……人们在一生中不同的年龄时期的关注点是有很大差异的。虽然不同收入状态的消费者会稍微有所差异，但基本上要遵循这样的规则。商家为了让自己的产品适销对路，就需要认真分析消费者，从消费者的年龄入手，推出相应的营销策略，让自己的产品迅速占领消费者的芳心。图 1-2 表示了人的一生中随着年龄变化在消费能力、需求愿望以及收入水平等方面的变化。年轻的时候，人们的收入水平低，但消费力较高、需求愿望也较多。年龄较大的时候，支付能力达到了较高的水平，但消费愿望不再那么强烈。所以，人的一生中收入与需求、消费之间存在着较大的不对称。这种消费力与财富状况之间的不对称问题是通过隔代消费得以解决的。父辈将自己积累下来的财富花费在下一代身上，下一代在年轻的时候虽然收入不高，但也能够生活得很体面。财富在代际间的这种转移机制不断延续下去，就在很大程度上解决了年龄与消费之间的不对称问题，子代、孙代……都能够在一生中实现消费水平“均等化”。图 1-3 表示了财富由父辈转移给子辈、子辈转移给孙

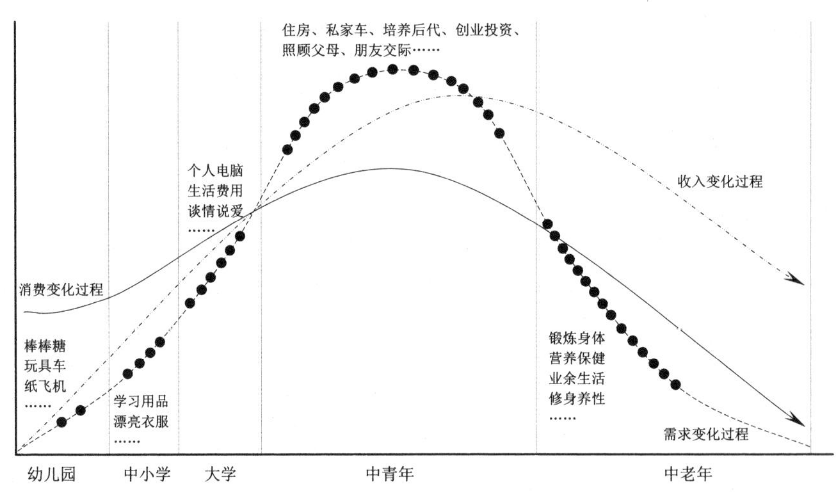

图 1-2　收入、消费与需求随年龄变化

辈的过程，通过财富在代际间转移，让下一代在年轻的时候就具有较多的可资支配的财富了。经过财富转移之后，青年人的“转入 + 自有”的财富量已经相当可观；老年人的全部财富本来是“自留 + 转出”，在“转出”部分成为青年人可支配的财富之后，“自留”部分完全能够满足老年消费者的消费需求。不同代际之间通过财富的“转出”和“转入”实现了平衡。

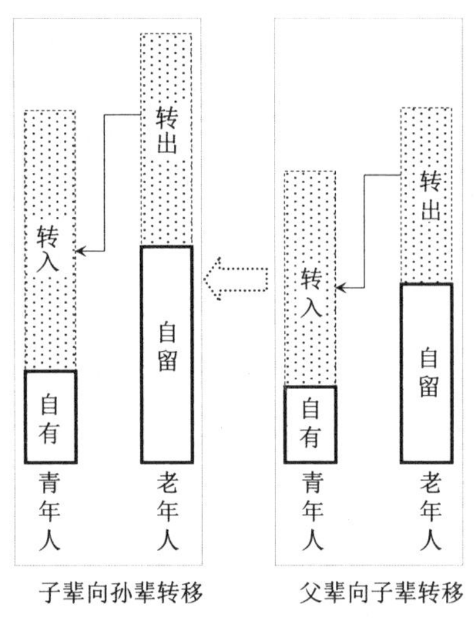

图 1-3　财富代际转移与消费

（三）性别

男性与女性在消费问题上具有很大差异。就购物而言，女性的思维飘忽不定，男性一般很有主见。男性最累的事情就是陪同女性逛街，而女性最喜欢的事情就是逛街。女性与男性由于先天的性别差异，各自的关注点是有区别的。由于对问题的关注点有差异，所以在购物的时候也会从不同方面对产品进行褒贬，在购物的时候，女性较多关注的是产品的外观、颜色、气味等；而男性则会更多地关注产品的性能，从产品的内在品质方面对产品做出评论。男性在购物的时候一般会坚持自己的主见；而女性一般会看其他人的表现，如果邻居说某件产品好，或者在购买现场很多人都在购买这种产品，女性消费者一般就会倾向于购买该种产品。女性在跟风消费方面较男性要高出许多。

研究表明，男性较女性更加理智，更加具有计划性和目的性；女性较男性更有耐心，做事时也较男性更为细致。在记忆方面也是有差别的，男性更加倾向于意义记忆，而女性更加倾向于形象记忆。女性较男性更容易触景生情，男性较女性更大胆、勇敢。男性的自觉性特征较女性更强些，更倾向于自觉决定目标；而女性则更加倾向于让别人帮助自己做出决策。基于这些方面的特征，男性与女性在购物中会表现出不同的特点。一般而言，女性具有较强的审美需求，对时尚的产品会更加感兴趣；男性则不同，更加喜欢能够代表地位和身份的产品，更加注重品牌和质量。女性在购物过程中趋于求新，容易产生联想，在购物中更加容易冲动。女性容易受购物环境的影响，购物时间一般较长；男性购物时间一般较短，不容易受购物环境的影响。男性购物的目的性较强，而女性则随机性较强。基于这些性别方面的差异，商家就要在产品包装上面做文章，用产品的“衣服”来吸引消费者。例如，塑料包装容易展示产品的时尚特点，这样就更加容易受到女性消费者的青睐。与塑料包装不同，金属质感的包装显得更加坚固，能更好地体现质感，这与男性消费者需求能够很好地吻合。根据性别差异，在女性用品的包装上，商家更倾向于采用圆润、小巧和时尚的造型；而对于男性消费用品则往往采用稳重、大方、有力量感的外观，采用这种包装的产品往往会得到男性消费者的青睐。女性消费品在包装设计上一定要能够给消费者很好的视觉效果，要在颜色上做文章，能够将女人的眼睛吸引到产品上。男性不太在意产品的外观，对产品的内在品质是很注重的。性别既然能够在消费方面产生如此大的差异，商家就不能不重视。商家只有认真把脉消费者，产品才能适销对路。

（四）收入

收入水平对消费者的影响是非常大的。经济学在谈消费者购物行为的时候，是通过收入效应与替代效应之间的关系进行阐述的。图 1-4 表示了消费行为的收入效应和替代效应。图 1-4 中的曲线

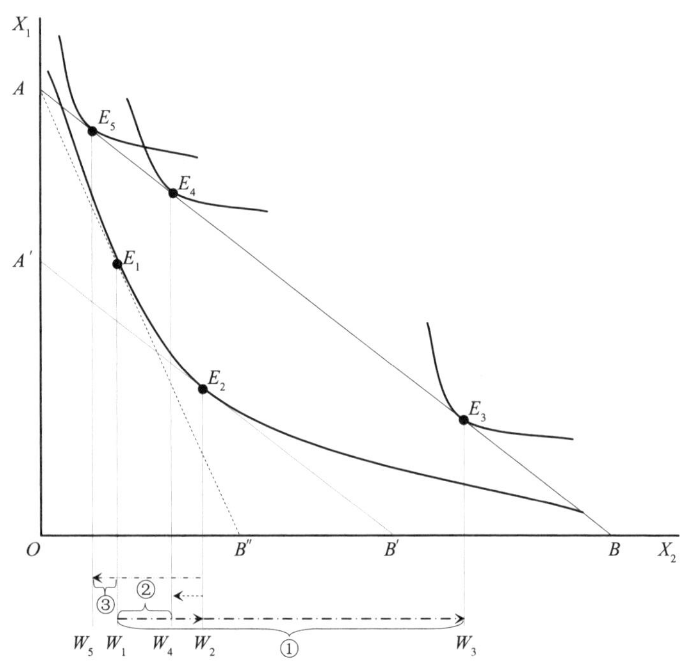

图 1-4　消费行为的收入效应和替代效应

为效用线，直线 AB、$A'B'$ 和 AB'' 是消费者的消费预算线，$A'B'$ 是 AB 的补偿预算线；E_1、E_2、E_3、E_4、E_5 分别表示了五种不同均衡情况。图 1-4 中矢量$\overrightarrow{W_1W_2}$表示替代效应，$\overrightarrow{W_2W_3}$（正值）、$\overrightarrow{W_2W_4}$（负值）、$\overrightarrow{W_2W_5}$（负值）表示收入效应，总效应取决于收入效应和替代效应的矢量和。图 1-4 中①代表$\left|\overrightarrow{W_1W_2}+\overrightarrow{W_2W_3}\right|=\left|\overrightarrow{W_1W_3}\right|$，收入效应和替代效应都是正方向的量，$\overrightarrow{W_1W_2}>0$，$\overrightarrow{W_2W_3}>0$，两种效应相加总效应增加，这种商品被称为正常商品。图 1-4 中②代表$\left|\overrightarrow{W_1W_2}+\overrightarrow{W_2W_4}\right|=\left|\overrightarrow{W_1W_4}\right|<\left|\overrightarrow{W_1W_2}\right|$，$\overrightarrow{W_1W_2}>0$，替代效应为正，收入效应为负，替代效应大于收入效应，即$\left|\overrightarrow{W_1W_2}\right|>\left|\overrightarrow{W_2W_4}\right|$，最后的结果是总效应为正，这种商品被称为劣质商品。图 1-4 中③代表$\left|\overrightarrow{W_1W_2}+\overrightarrow{W_2W_5}\right|=\left|\overrightarrow{W_1W_5}\right|<\left|\overrightarrow{W_1W_2}\right|$，$\overrightarrow{W_1W_5}<0$，替代效应为正，收入效应为负，替代效应小于收入效应，即$\left|\overrightarrow{W_1W_2}\right|<\left|\overrightarrow{W_2W_5}\right|$，总效应为负，这种商品被称为吉芬商品。消费者在不同收入状态时，倾向于消费不同品质的产品。人们的收入水平越高，越倾向于抛弃劣质商品和吉芬商品。在图 1-4 中，在消费者收入水平提高的情况下，消费者预算线就要向右平移，这时的消费者倾向于更高水平的组合（X_1，X_2），在这样的消费组合中，消费者也能够获得更高水平的效用。

（五）素养

不同素养的消费者的消费偏好存在较大差别，消费者的知识水平、个人追求、从事职业等都是形成消费者素养的基本方面。社会经济发展中存在五行八作，不能说哪个行业高级或者不高级。任何一个行业都有存在的道理，只要存在交易就会存在商品。社会是以“供给—需求”这个链条串联在一起的。不同人的需求愿望不同，于是呈现在人们面前的商品就会五花八门。有些商品对于很多人而言是不屑一顾的，但对于另外一些人而言却是如获至宝。

（六）偏好

有钱难买愿意，消费者的偏好能在很大程度上影响消费行为。有的女孩喜欢将头发弄成蜈蚣辫，有的女孩则喜欢弄一个帅气的小子头。无论人们怎样做，都是为了追求一个“舒服”。某个消费者的偏好消费也许在别人眼中是煎熬，但只要自身感受到了快乐，商品就有了自己的归宿。人口规模越大，消费者的偏好就会越复杂，商家赚钱的机会就会越多。商家在推出商品的时候，要充分考虑消费者的偏好，只有这样才能够“想消费者之所想、急消费者之所急、做消费者之所吃”，在商家的“供”与消费者的“需”之间形成了完美统一。就以早晨街上卖煎饼的为例，摊主一定要带上蔬菜、香菜、辣椒等，摊主在做煎饼的时候一定会问消费者“要不要香菜”“要不要辣椒”，消费者可以根据自己的嗜好进行选择。

二、外部因素

（一）相关群体

人们的消费行为发生前，与自己生活有经常接触的人会对自己在消费方面的意见或兴趣产生影响，这些对消费者产生影响的人构成的群体就是相关群体。如果消费者本人就是群体中的一员，这样的群体叫作参与群体（圈内群体）。根据消费者都参与群体影响程度的差别，参与群体可以区分为主要群体和次要群体。主要群体与消费者的关系非常紧密，包括亲友、同事等；次要群体相对于主要群体而言，与消费者发生的联系较少。如果消费者不是群体中的一员，这样的群体叫作非所属群体（圈外群体），消费者对非所属群体的态度是有差别的。如果消费者非常希望成为非参与群体中的一员，该群体就是消费者的期望群体。如果消费者根本就没有打算成为该群体的一员，消费者不但没有积极加入的意愿，反而极力让自己与该群体划清界限，该群体就是消费者的游离群体。表 1-1 中的最后一列表示群体成员对消费者的影响程度，★越多表示该群体对消费者的影响力越大；相反，○越多则表示该群体对消费者的影响力越弱。如果相应栏中都是○，则表示该群体对消费者不产生正面影响。

表 1-1　群体分类及消费者与群体的关系

大类	细类	分层	举例	性质	影响
圈内群体	主要群体	亲密无间	亲戚、朋友、邻居	非正式组织。基于血缘关系，或以情感为基础。	★★★★★★★★★★
		见面聊天	合作伙伴、同事		★★★★★★○○○○
	次要群体	永久组织	单位、协会	正式组织。基于行政关系，以效率为基础。	★★★★★★★★○○
		临时组织	项目组、旅游团		★★★★★○○○○○
圈外群体	期望群体	可以实现	有车族、探险夏令营	提供了未来发展目标，成为自己的人生方向。	★★★★○○○○○○
		很难实现	明星、名人		★○○○○○○○○○
	游离群体	主动避开	盗窃、打架斗殴	对社会形成负面影响，消费者避而远之。	○○○○○○○○○○
		感到恐惧	赌博等		○○○○○○○○○○

（二）社会阶层

不同的社会成员因为消费偏好等各方面的原因，会形成消费性相对稳定的层次，这就是社会阶层。处于同一社会阶层的消费者在收入水平、生活方式、消费偏好、价值观念等方面相对一致，与其他社会阶层的消费者在如上几个方面会形成鲜明对比。商家在推出产品的时候，同一款产品要照顾到尽量多的消费者阶层。

（三）家庭出身

消费行为与消费者的家庭出身有很大关系。研究表明，一个人在幼年时期如果家境比较贫寒，在长大成人之后其生活方式也不会过于奢华。一个人如果幼年时期生活条件比较优越，在成人之后就很难忍受比较拮据的生活方式，这样的消费者宁愿借贷消费也不能降低自己的生活水准。家庭出身不同，消费习惯就会有差异。这不仅表现在购买力方面，还表现在消费方式方面，有人说“消费方式可以遗传”，这句话具有一定的道理。如果父母都喜欢吃红烧肉，孩子长大之后喜欢吃红烧肉的概率就很大。如果母亲喜欢打扮、化妆，女儿长大后也会在梳妆打扮方面是专家。如果父亲喜欢玩车、健身，儿子在这方面也就会有嗜好。

（四）社会风气

社会风气对人们的消费会产生很大的影响。如果自己的亲朋好友都买车了，唯独自己不买车，自己就会觉得好像少了些什么，这实际上就是攀比心理在作怪。社会风气在不同程度上影响着人们的消费行为。“风气”会变成一种消费潮流，让消费者朝着这个方向走。比如，在“喇叭裤”到来的时候，男男女女都穿上了喇叭裤，在“蜈蚣辫”到来的时候，很多小姑娘都让自己的头发变成了蜈蚣辫。人人都是社会的“囚徒”，每个人的消费方式都会受到大多数人的消费方式的影响，人们一般都会认为随大流是没有错误的。女性为了健美，好多人都要练瑜伽。在这种风潮来了的时候，很多年轻女性见面就要谈练瑜伽的心得。人随社会草随风，有什么样的社会风气，就会有什么样的消费方式。每个消费者都是社会风气的推波助澜者，同时又是随波逐流者。当然社会风气也是以人们的购买力为基础的。社会风气在变化，人们的消费方式也在变化，人们的思维方式会随着社会而变化，这会在人们的行为上表现出来。

（五）店铺情况

消费者购买产品与店铺的位置、店铺规模、店铺形象、商品摆放、购物氛围、服务态度、商品多寡等方面都有很大的关系。消费者在购买产品时，有时就认准了某个店铺，商品本身并没有差别，与店铺相关的很多因素影响了消费者购买选择。

①店铺位置。任何店铺都有自己的服务半径，到店中购买商品的消费者大多是距离这里比较近的。店铺的位置对商家的销售额会产生很大的影响。所以，商家在店铺的选址方面会非常在意。人口稠密的社区、车水马龙的街道拐角、历史悠久的商业街等都是让店铺安家的好地方。

②店铺规模。相同质量、相同价位的商品，消费者更喜欢到规模较大的店铺中购买。这样的店铺让消费者感觉经营更规范、信用更好。规模较大的店铺，在经营上能够做到持续和稳定，商家可以通过规模化经营尽量降低产品的成本，商家会时不时地推出各种促销手段，消费者能够在这里享受到更多的优惠。

③店铺形象。不同形象的店铺聚集的人气是有很大差别的。店铺装潢、服务质量、商家信誉等都是构成店铺形象的重要因素。好的店铺形象能够让消费者趋之若鹜。

④商品摆放。商品摆放是有一定学问的，商家在陈列产品的时候，一定要以方便消费者购物为准。在商品摆放时一定要坚持“关联原则”，尽量减少消费者购物过程中的搜寻成本。

⑤购物氛围。人们一般将购物叫逛街，人们喜欢在热闹、祥和

的氛围中购物。所以，商家一定要营造出能够吸引消费者的购物氛围，让消费者完全融到这样的氛围中，能够尽量长时间地停留在这样的环境中。

⑥服务态度。商家要坚信“和气生财”的道理。到店中来的消费者即使没有购物，商家也要要笑脸迎送。消费者对商家形成了很好的印象，日后也许会在店中有更多的消费。

⑦商品多寡。消费者最担心的事情就是商品脱销，在感觉到自己钟情的商品紧俏的时候，消费者就会超前购买。所以，商家需要在商品的丰富度与紧俏度之间找到平衡。

第二章
知觉与消费行为

人们对事物的认识，首先是感性认识，然后是理性认识。感性认识分为感觉、知觉和表象等3个阶段，理性认识分为概念、判断和推理等3个阶段。知觉是在感觉的基础上形成的对事物的整体印象。常见的错觉包括首因效应、晕轮效应、近因效应、刻板效应、对比效应、稀释效应等。错觉是对客观事物的不正确的反映。

导读

导入案例

保健枕头让消费者的健康从“头”开始

小薇出生在药都安国，“草到安国方成药，药经祁州始生香”这句话就足以说明药都在医药文化中的地位了。小薇从小就“浸泡”在医药文化中，对中药文化略知一二。在谈对象的时候，小薇为了与未来的婆婆处好关系，有一次给未来的婆婆做了一个石膏枕头，小薇告诉未来的婆婆说：中医认为石膏具有凉血镇惊的功效。婆婆非常高兴，打算送给自己的朋友一些，于是让小薇多做几个。小薇满足了未来的婆婆的要求。未来的婆婆将礼物送出去后，老太太们都称赞小薇心灵手巧。小薇从这些老人的表情中发现了一个巨大商机，既然这些老年人对保健枕头非常满意，其他的同龄消费者也一定会有这样的消费感觉。小薇打算从保健枕头做起，经营保健产品，成就自己的财富梦想。小薇开始深入研究中医药理论，不断探访“民间高手”，搜集到了十几种保健枕头的制作方法。在此基础上，她在枕头中加入了十几种中草药成分，使保健枕头的品质得到了提升，开始了保健枕头的事业生涯。

小薇的目标在于改变中国消费者对枕头的传统认知，将普通枕头变成保健枕头，人们在消费该种产品的时候，在睡觉中就不知不觉地增进了健康，将日常生活与保健紧密结合在一起。“改变”认知是非常不容易的，如果不能彰显出保健枕头的特殊功效，枕头就没有卖点。为了让人们改变对产品的认知，小薇又想到了自己未来的婆婆。小薇让未来的婆婆将自己的产品赠送给更多的人免费试用。两个月后，小薇从未来的婆婆的口中得知，老年人们都觉得保健枕头是有效的，很多老年人都说失眠问题得以解决。老年人对自己的产品的肯定，使小薇增强了扩大保健枕头生意的信心。

初战告捷的小薇继续趁热打铁，对产品加大了宣传力度，让消费者认识到自己的产品是与众不同的。小薇在为老年人做枕头的同时，也不断开发出小孩、青年人使用的枕头，于是学生枕、司机枕、情侣枕等产品不断开发出来。在小薇看来，“防患于未然”是保健的最高境界，所以应从年轻时期就注重保健。小薇在既有基础上不断创新，开发出来了苎麻芯枕头、决明子芯枕头、荷叶芯枕头、薄荷芯枕头、薰衣草芯枕头、羽毛芯枕头、磁芯枕头等，将现代技术与传统中医药原理完美地结合在一起。在枕芯上下功夫的同时，她还在枕套上下功夫，通过精心选取面料，给消费者创造更加舒适的感受。消费者在看见小薇的产品时，第一感觉就是“想不到枕头还有这么多花样”。

小薇知道，在改变消费者认知的过程中“宣传”是很重要的，在这样一个“酒香也怕巷子深”的年代中，好产品也需要借助有力的宣传，小薇想到了网络。一番忙碌之后，小薇终于有了自己的网站。人们只需要浏览网站上的图片以及介绍产品的视频，就能对产品有比较全面的了解了。为了让消费者相信自己的产品，小薇在网页上特别设置了讨论区，消费者在这个讨论区中可以交流使用产品后的心得。小薇的产品的知名度逐渐扩大，人们通过使用小薇的产品也逐渐改变了对枕头的既有认知……

消费者虽然不是制造产品的专家，但商家的创造灵感都是从消费者那里得到的。商家要不断创造新产品并引领消费者认知新产品，当消费者接受新产品的时候，消费者的传统认知就会改变。

第一节　消费者的知觉

一、感性认识与理性认识

人们对客观事物的认识需要经历从感性阶段到理性阶段的过程。感性认识是低级阶段，包括感觉、知觉、表象 3 个阶段，具有直接性和具体性的特点。感觉是对事物的个别属性的反映，知觉是将感觉组合在一起形成的对客观事物的整体印象。表象是对过去的感觉和知觉的回忆，是感性形象的再现。感性认识只是对事物的外部现象的反映。理性认识是高级阶段，包括概念、判断、推理等多种形式，具有间接性和抽象性的特点。概念是对于同类事物的共同的一般特性的反映。判断就是概念与概念之间的关系，这是对事物之间的关系和联系的反映。推理是从事物之间的现有关系由已知合乎规律地推知未知的反映形式。感性认识是理性认识的基础，感性认识只有发展到理性认识，才能够更深入地认识事物。

二、感觉是知觉的基础

知觉是对客观事物的整体反映，经过这个阶段才能够形成对事物的完整认识。知觉是以感觉为基础的。感觉包括视觉、听觉、嗅觉、味觉、肤觉等多个层面。视觉包括能够用眼睛捕捉到的一切信息，包括颜色、亮度、外形、体积等，专家研究表明，消费者有 85% 的信息是通过视觉获得的。在视觉捕捉到的信息中，颜色扮演着重要角色。有人提出“7 秒钟色彩”理论，该观点指出：消费者在面对浩如烟海的商品的时候，能够在短时间内做出对某种商品感兴趣或者不感兴趣的决定，大概只需要消耗 7 秒钟时间，在这个短暂的时间内，色彩起了绝对重要的作用。听觉要受到音色、音量等的影响。嗅觉会对气味非常敏感，让消费者感到非常舒服的气味能够激发消费者的购买欲望。味觉即消费者对苦辣酸甜咸等味道的感觉，不同消费者对不同味道的嗜好程度有很大差别。肤觉是对冷热痛等的感觉。眼耳口鼻身等单独每一个方面对事物的感觉都是不全面的，只有将各个方面的感觉整合在一起，才能够形成对事物的知觉，从而形成对事物的完整认识。

三、知觉形成的 3 个阶段

知觉是对事物的整体认识，但这种整体认识遵循接近率、相似率、连续率。“接近率”，即空间位置上比较接近的刺激物容易被知觉为一个整体。“相似率”，即形状、大小、颜色等相似的事物容易被知觉为一个整体。“连续率”，即具有连续性运动特点的客体容易被知觉为一个整体。所以，知觉的形成也是比较复杂的。一般而言，知觉的形成也需要经历 3 个相联系的阶段：展露、注意和理解。“展露”，即刺激物出现在消费者的感觉范围内并引起消费者的兴趣。只有当客观事物成为消费者感觉的对象的时候，“感觉”对消费者才有意义。“注意”，即消费者对处于其感觉范围内的事物进行信息处理。消费者每天要接触很多事物，因而会接受很多信息，但并不是所有的信息对消费者都是有意义的，消费者只是对其感兴趣的信息进行加工处理，这与事物对消费者产生的刺激程度是有关系的。“理解”

是消费者赋予事物某种意义。不同人的生活经验、知识背景不同，对同一事物赋予的含义也可能会有差别。所以，有些时候有人就会对事物形成错觉。

第二节　知觉形成的影响因素

一、刺激物的物理特征

刺激物的物理特征包括刺激物的颜色亮度、个头大小、所在位置、动静状态、能否发声、能否发光等各个方面。就颜色方面看，具有鲜艳颜色的刺激物更能够引起人们的注意。研究结果显示，红色和黄色相对于其他颜色更加能够引起人们的注意。商家为了强化刺激物对感知者的影响程度，往往要在颜色方面费尽周折。就个头方面看，大个头相对于小个头更加能够引起人们的注意。就位置而言，不同位置处的事物对消费者的刺激程度是不一样的。处于显要位置处的事物，人们一眼就能够看得到。所以，商家一定要将能够代表产品特色的东西放在最显眼的位置，以达到促销的目标。商家在做饭店生意的时候，一般都会将繁忙路口的拐角作为风水宝地。一方面是因为这个地方视野开阔，能够方便地传达商家要展示的信息；另一方面是因为人们在拐角地方行走的速度会逐渐降下来，行人驻足的机会多了，商家赚钱的机会自然就会更多了。就动静状态方面看，运动的物体相对于静态的物体更加能够引起消费者的注意。随着社会经济发展，商家的灯箱广告一般都置换成了电子屏广告，不但展示的内容更加丰富了，而且展示的内容由静态变为了动态，这样就更加能够吸引消费者的眼球了。相对于不能发声和发光的刺激物而言，能够发声和发光的刺激物更加能够引起消费者的注意。

关于“万绿丛中一点红”有这样一个故事。宋朝的时候，某地举办一场绘画考试，绘画高手云集于考场上。考官出的题目是“万绿丛中一点红，动人春色不须多。”考生中有一人最后夺得第一的桂冠。此人的画作是：丛林中有一小楼，楼上有一凭窗美女，唇上有一点口红。这幅画能够在众多竞争者中脱颖而出，原因就在于用简单的笔墨将要表达的主题突出了出来。整幅画基本上都是绿色，只有美女的唇上的口红是红色，虽然红色并不是很浓烈，人们也会对这一点红色格外注意。

二、消费者的主观愿望

消费者的主观愿望也是影响感知的重要因素之一，人们会对自己感兴趣的事物多加留意。人们在不同的年龄段，对产品的关注点有很大的差异。人们的主观愿望不同，对不同产品的关注程度就会有较大差别。消费者有某方面的需要，就会对该方面的产品比较在意。如果某个人是学经济管理专业的，在逛书店的时候对经济学、管理学的著作就比较在意。而学医的人对经济管理方面的书籍没有任何感觉，而对医学著作是比较在意的。人们在繁忙的时候，对旋律悠扬婉转的《梁祝》并不在意，有时听到这样的旋律还会感到“有点烦”。但是，人们心情比较舒缓的时候，《梁祝》也许就是听音乐的首选。喜欢户外运动的人，对户外野营用品就比较在意；而没有这方面嗜好的人，对这些产品会置若罔闻。

三、环境状况影响感知

消费者处于不同的环境中，对刺激物的感知情况有很大差异。刺激物对消费者的影响也是需要环境氛围的。人们到超市中购物的时候，看到很多人都竞相选购某种产品的时候，自己也许会加入到这样的阵营当中去。调查结果表明，欢快的购物氛围能够延长消费者的购物时间，所以，大多数超市会通过音乐等方式营造欢快的购物氛围。只要消费者在超市中的停留时间延长了，购物的可能性就会增加。如果超市中没有欢快的购物氛围，购物环境就会显得非常冷清，人们购物的心情会在很大程度上受到影响。

B 城市的一项调查研究结果显示，在该城市有大润发、美特好、惠友、华联等几家大型超市，但从经营状况来看，大润发的营业额是其他 3 家超市营业额的总和。大润发在营造购物环境方面总是别出心裁，总是会营造出非常喜庆的氛围：轻松愉快的音乐、喜气扑面的色彩、工作人员的热情、方便取放的货物、九曲回肠的通道、员工忙碌的身影，这些都成了超市中多彩风景的重要构成要素。即使不打算多购买东西的消费者，也非常愿意在超市中多逗留一些时间。消费者的这种心理，无形中为超市热闹的购物场面起了很好的烘托作用。每当节日来临前的一周，大润发就已经开始渲染气氛了。在进入超市货品摆放区的主干道上，大润发将各种旗帜、招牌密密麻麻地张挂在显要位置。红颜色的招牌配上黄色的文字，看上去非常醒目。在活动中，大润发都要将服务员精心安排在“购物街”的两侧并以适当的距离拉开，服务员要不断鼓掌并且口中不断吆喝着“欢迎”之类的口号……这样的购物氛围下，超市的营业额就可想而知了。

四、消费者的知识背景

消费者的知识背景也会影响消费者的感知。理论素养较深厚的消费者在审视产品的时候，会从专家的角度对产品进行打量，这样的消费者的眼睛就像灵敏的“扫描仪”，产品的任何瑕疵也逃不过消费者的眼睛。但是，绝大多数消费者都不会具备这样的专业背景。消费者在某个方面的专业知识越丰富，就越会从专业的角度审视产品。消费者的专业知识厚度在很大程度上决定了对事物的认知程度。因此，消费者的知识背景，对感知事物的深度、侧面、兴趣及专业程度都具有非常重要的影响。

萘丸和樟脑丸是很难用肉眼进行区分的，鼻子闻起来感觉都差不多。但是，二者的制作原料是有很大差别的。萘丸是以萘为原料制成的，虽然也像樟脑丸那样具有防蛀、防虫的作用。但由于具有一定的毒性，在一定程度上能够影响红血球的氧化还原作用，会导致溶血性贫血。萘丸中毒后的症状一般为恶心、呕吐、腹痛、腹泻、头晕等。消费者在不辨真伪的情况下，就可能将萘丸当作樟脑丸买回家中熏衣服，衣服上的气味虽然与樟脑丸熏出的气味很相似，但人将具有这种气味的衣服穿在身上，会得一些慢性病。小孩的抵抗能力差，长期闻着萘丸的气味会得黄疸病。相比樟脑丸，萘丸的成本低，市场价格低，经销商可以从中赚取更多的利润。樟脑丸的制作原料是樟脑树的枝干、樟叶、樟油等，樟脑丸散发出的是一种天然清香，对人体不会造成损害，具有防虫、防蛀、防毒等作用，用樟脑丸对衣服熏制，能够让衣服保持清香。樟脑丸对保存字画、书籍等也能发挥不错的功效。人们在知道有些商家将萘丸当樟脑丸出售之后，就要对这种产品倍加注意，也要学会二者的区分方法。例如，投水法就可以简便易行分辨樟脑丸和萘丸，将樟脑丸和萘丸放入水中，樟脑丸会漂在水面，而萘丸会沉入水底。消费者多一点相关产品方面的知识，消费起来就会多一点安心。

五、消费者的内在动因

“需要是最好的动力”，有了强烈的需要，人们就能够为了满足这种需要不断努力，就会通过各种有效途径感知事物。在因为一件事情而百思不得其解的时候，就会查阅各种资料寻求完美答案。对某件事情专注，对该件事情感知的愿望就越发强烈，就会对该事物有很深入的理解。与同类的其他事物相比较，该事物会在人们头脑中留下更加深刻的印象。“动因”决定了人们感知事物的愿望，这是激励人们感知事物的内在力量，这种内在动因比外在强制所达到的效果要强得多。

第三节　错觉的影响因素

一、首因效应

首因效应是这样一种现象：人们在对其他事物形成印象的过程中，最初获得的信息较后来获得的信息影响程度更大，即第一印象的影响更大。人们在与其他人交往的过程中，如果最初的印象是好的，以后继续交往的可能性就非常大。如果第一印象是差的，则随后继续交往的可能性就非常小了。人们对一个事物形成的第一印象是很难改变的。虽然第一印象有时候是错误的，往往会形成知觉偏见，但“首因效应”这种现象还是不同程度地存在着。为了尽量避免“首因效应”为商家带来不利影响，商家在推出产品的时候，就会通过各种方式让产品在消费者中间形成尽量好的“第一印象”，这样就能够给产品带来更多的“彩头”。

二、晕轮效应

晕轮效应即“以点代面”“以偏概全”。人们都是从自己的喜好角度认识事物的，出发点不同会得出不同的结论。如果被认知的对象是好的，即使该被认知对象还存在其他方面的不足，这时候也可能会出现晕轮效应，从而产生“一叶障目不见泰山”的问题。人们在认识一个事物的时候，有时会用其好的方面掩盖坏的方面，以致认识不到坏的方面，由于对事物的认知不全面，从而发生认知错误。人们对某些明星的认识就会发生晕轮效应的错误。比如，人们本来是对某明星“顶礼膜拜”的，但突然有一天新闻报道说某明星有不良嗜好，人们于是大跌眼镜，不禁会产生这样的疑问：“怎么会这样呢？”发生这种现象的原因就在于：人们对这样的明星的认识是不全面的，用明星某一方面的“亮点”遮盖了其他方面的不足。恋爱中的青年男女也经常会发生晕轮效应的错误。男（女）朋友看到的只是女（男）朋友的好的方面，即使有些坏的方面偶尔表现出来了，也不容易被发现。因为这时候任何一方都将对方当成了自己的唯一，在自己的眼中对方是完美无缺的。但是，婚后情形就完全不一样了，丈夫（妻子）的缺陷在妻子（丈夫）面前暴露无遗，双方开始互相指责。如果是小毛病，彼此还能够相互忍让；如果是大毛病，当大到无法忍让的时候，分道扬镳的结果也是会出现的。“晕轮效应”会使人们发生认知上的错误。

三、近因效应

人们在知觉事物的过程中，最后接触的事物能够给人们留下最为深刻的印象，原因就在于最后接触的事物，在人们的脑海中留下的印象最为深刻，这种现象被称为“近因效应”。近因效应往往会让感知者对时间距离较远的事物印象模糊，从而做出不太公正的评价。距离感知者时间距离较远的事物，虽然也很“优秀”，但在近因效应的影响下，可能会受到不公正的待遇。人们在日常生活中会不断地接受信息，时间越久远的信息印象越模糊，时间越靠近现在的信息印象越清晰。这种近因效应在待人接物的过程中同样存在。近因效应是客观存在的。所以，商家在经营的过程中，就要不断地为消费者提供产品的新信息，让消费者脑海中总是有自己的影子。比如，逢年过节的时候，脑白金的广告总是如期而至，这就是要在消费者心中创造“常见常新”的印象。

四、刻板效应

刻板效应是人们一旦对某种事物产生比较固定的印象后，就很难改变对事物的看法。人们在认识事物的时候，喜欢对事物进行归类，人们会对不同地区、民族、性别、职业、年龄等的人群具有相对固定的看法。就地区而言，人们生活在某个地区，就接受了当地的区域文化，生活在某个区域的人具有比较相似的思维方式，对从某个地区出来的人形成刻板印象也是有一定道理的。就民族而言，有些民族的人天生就有好嗓子，能歌善舞就是这些民族的特征，人们会对于来自这些民族的人产生这样的期待。就性别而言，男性与女性都有自己的社会角色，人们进而会对男性或者女性形成约定俗成的印象。就职业而言，长期从事不同职业的人，就会养成与职业相匹配的性格。比如，律师在解释问题的时候会从法律的角度展开，医生会觉得人们都处于亚健康状态……不同职业的人会从不同的角度看待世界，社会上的人也会对从事不同职业的人形成刻板印象。就年龄而言，不同年龄的人的思维特点有差别，关注点及行为表现也是有差别的。刻板印象是一种非常重要的心理现象，但大多时候会让人们形成错觉，“冤枉好人”的问题也是时有发生的。

五、对比效应

感知者在不同背景下对同一事物进行认识的时候，感知者对刺激物的感受是有差别的，这就是对比效应。人们经常举的例子是，人们将在冷水中浸泡了很长时间的手指拿出，放入温水中和放入热水中的感觉不一样，人们会感觉到热水的温度高得不得了。一个班的学生成绩有好有坏，如果将成绩比较差的学生与成绩中等的学生比较，成绩差的学生还算过得去。但是，如果将这些成绩差的学生与成绩非常好的学生相比较，成绩差的学生几乎就无可救药了。“对比效应”会使感知者对刺激物的认识产生偏差，从而得出不太客观的结论。在面试的过程中经常会发生“对比效应”的认识误差。如果一组被试者都表现平平，考官也会“矬子里面拔将军”，给被试者打分也不会太低。但是，如果一组被试者第一个被试者表现非常突出，而第二个被试者表现中等，但考官在“对比效应”影响下，也会给这个表现中等的被试者一个比较差的分数。表现中等的被试者本来不应该得这样低的分数，但成了“对比效应”的倒霉蛋。“对比效应”使得感知者对同一刺激物在不同背景下的认知程度有差别。商家可以有意识地运用对比效应，对自己的产品进行烘托，让产品的优势得以凸显。

六、稀释效应

稀释效应是指感知者对刺激物进行认识的时候，对实质性问题的判断会由于中性或者不相关信息的介入而受到影响。简单讲，“稀释效应”就是无关事物的介入分散了感知者对核心事物的认知。专家通过动物群体生活的例子对“稀释效应”进行解释，认为动物群体越大，其中每个个体被肉食动物捕杀的机会就会变小，动物个体由于在群体中生存使得自己得到了保护。猎豹在捕杀动物的时候总是要瞄准具体目标的，动物的群体越大，单个动物被捕杀的机会就会变小。这就是动物世界中的稀释保护效应。人们在购买股票的时候奉行这样一句名言，即“不要将所有的鸡蛋放在一个篮子中”，这句话的意思在于“分散风险”。人们有意识地分散风险，实际上也是在有效的利用“稀释效应”。稀释效应有好有坏，营销专家说：“品牌就像一个橡皮筋，抻得越长就会越疲弱”，有些商家为了发挥品牌的无形资产作用，在同一个品牌下生产越来越多的产品；或者依托品牌优势，将产品线前向延伸或者后向延伸，在产品链条不断延伸的过程中，产品也正在失去原有鲜明的特色。品牌淡化的过程就是品牌被稀释的过程。既然“稀释效应”有正面作用也有负面作用，商家在与消费者打交道的过程中，就要更多地掌控其正面作用，以便能够为产品的发展加油助力。

第三章 消费者的需求与动机

同一消费者有不同的需求，不同消费者在不同情况下的需求也不相同。消费者的需求具有目的明确、要求具体、积极主动、种类多样的特点。商家只有认真了解消费者的需求，才能够推出消费者需要的产品，并且以消费者认可的方式将产品卖给消费者。既然不同消费者的需求是不同的，商家就要对消费者进行细分，找出需要自己产品的那个群体，确定其在马斯洛需求层次中的位置，以便做到对症下药。消费者的需求是动机的外在反映，而动机是隐藏在表面现象后面的、不易被察觉的，如讲求实用、谋求便利、相互攀比、节省开支、彰显身份、跟风消费、显示不同、讲求质量等。

导读

导入案例

耐克苦用心思挖掘潜在消费动机

耐克是无人不知的国际化品牌。耐克在打造名牌的过程中，想出了各种招数。

20世纪70年代初期的美国开始兴起慢跑热，在跑步的时候穿着运动鞋不但很舒适，而且还会给人们一种潇洒自如的感觉。但是，当时在美国市场上称王称霸的阿迪达斯、彪马和老虎等三大品牌并没有在意人们的这种消费动机，这为耐克的迅速发展创造了绝好时机。耐克将“永不停息”确定为公司文化的主旋律，这个“永不停息”既能很好地表达出公司奋斗不止的创业精神，又能很好地描绘出慢跑的人在跑步中不断前进的状态。耐克为了满足消费者的需求，逐渐构建起庞大的科研团队，不断推出新产品，让消费者在林林总总的产品中选择自己心仪的一款。逐渐地，耐克运动鞋成了朝气蓬勃、健康人生的代言。耐克虽然是年轻人的“宠儿”，但很多中老年人也选择了耐克，穿耐克运动鞋就会给人一种“英雄不减当年”的印象。

耐克在发展中认识到自己只将生意的着眼点集中在男士运动鞋身上是不行的。于是，耐克开始精心研制针对女性的运动鞋。耐克的产品开始上了一个新台阶，并且在管理层面开始条理化。

在发展中，耐克开始着力打造品牌形象。耐克认为，年轻人的模仿能力极强，尤其是具有影响力的运动员身上的穿着，对于年轻人而言，无形中会形成极强的号召力。于是，耐克开始与体育明星合作使自己的品牌升温。

耐克为了在欧洲打开市场，在跨文化经营中动了一番心思。耐克运动鞋价格昂贵，这对于当时的很多欧洲人是无法承受的，能够穿上耐克运动鞋的人都有较强的消费能力。耐克认为一定要在耐克的外观上表现出这种“消费尊贵”才行。为此，耐克在运动鞋上打上价格标签，穿着运动鞋的消费者以此可以显示自己的身份。为了迎合不同消费者的需求，耐克特别在年龄上做了调查研究，发现年长的消费者喜欢穿纯白色的运动鞋，而年轻的消费者则喜欢穿彩色运动鞋。耐克在颜色上做文章，在欧洲市场上“套住了”所有有消费耐克运动鞋愿望和能力的消费者。虽然欧洲人比较讨厌运动鞋，但耐克用巧妙的营销方式规避了不同国度间的文化差异，让耐克运动鞋进而成为众多欧洲人的消费热点。

耐克不但风靡欧洲，而且在亚洲以及世界其他地方也销售得很好。耐克在跨文化管理过程中获得了较大的成功。耐克就是在这种创新中不断超越自己的，这是耐克克敌制胜的法宝。耐克表面上是在营销自己的产品，但实际上是在营销自己的文化。耐克向世人营销的是“自由、洒脱、表演”的运动员的活力、健康、享受生活的文化，而这个文化内核是任何人都希望得到的。尤其是人们在年事已高的时候，更加希望自己健康长寿，这无形中会让消费者在不太老的时候就要为自己的健康投资，购买耐克运动鞋自然就是顺理成章的了。

总而言之，耐克苦用心思挖掘消费者消费动机，让产品供需实现对称，将产品卖给了需要的人，也让需要自己产品的人得到了心仪的产品。耐克在挖掘消费者需求动机方面是永不止步的。

第一节　需求与动机

关于需求，心理学上是这样表述的：需求是消费者在生理或者心理上对某种产品的匮乏状态。动机是消费者为了满足自身的需求而产生相应行为的动力。只有有了消费某种产品的动机，才有购买该种产品的行为。需求在前，动机在后，有了需求才会有动机，而后产生行为。“需求→动机→行为→愿望实现→新的需求”就形成了一个完整的链条。在既有的需求得到满足之后，人们就会产生新的需求。

不同的人有不同的需求，人们在不同时间、地点有不同的需求。需求有主次之分，人们首先要满足自己的主要需求，然后才逐渐满足次要需求，所有的高层次需求都是建立在低层次需求满足的基础上的。

商家就是在不断发现消费者的需求并逐渐在满足这种需求的过程中与消费者打交道的。“春江水暖鸭先知”，消费者有什么需求，商家首先要捕捉到信号，并不断创新出新产品，实现双赢。比如，人们最初只能以扇扇子纳凉，如果是别人给自己扇扇子，纳凉效果自然是好的。但是，自己给自己扇扇子，一方面在做扇扇子运动，一方面要将温度降下来，这本身就是一对矛盾，纳凉的效果就不好说了。有了电以后，人们发明了电扇，手不用动就可以达到纳凉的目的了。随后，人们又发明了空调，进而发明了变频空调。这就是商家首先为消费者创造提高生活质量的需求，然后让消费者产生购买自己产品的行动。

第二节　消费者需求的特征

一、目的明确

目的明确指消费者购买产品的动机是非常明确的，为了达到预期目的而购买预期的产品。对于不太贵重的常规化消费的产品，消费者不需要过多的思考就能够做出购买决定。对于比较贵重的产品，消费者做出购买决策的时候一般会比较慎重。“货比三家”是消费者常做的事情，不但要比较产品的质量，还要比较产品的价格。“物美价廉”自然是消费者的理性选择。

二、要求具体

要求具体指消费者在消费的时候，会在消费的具体问题上提出明确的要求。即使是同一品牌的同一款产品，不同的配置价格也会不同。消费者会针对自己的需求量体裁衣，在不增加不必要的开销的同时达成自己的消费要求。“少花钱多办事”是消费者奉行的办事准则。当然，消费者由于支付能力有差别，在花费问题上也会有不同的看法。但是，人们在一定的时间、地点上的要求是具体的。只有消费者的要求是具体的，商家才能够根据消费者的愿望满足其消费需求。

三、积极主动

消费者的需求是积极主动的。为了满足自己的消费需求，消费者会积极主动地搜寻自己需要的产品信息。消费者与商家之间总是存在着信息不对称，只有消费者充分展露自己的需求，商家才能够捕捉到相对完整的信息，也才能按照消费者的要求给其提供心仪的产品。如图 3-1 所示，我们按照“商家知道”“商家不知道”“消费者知道”“消费者不知道”4 种情况，将坐标平面划分为 4 个区域。按照 4 种情况的组合状况，坐标平面的 4 个区域分别为“现有市场”“休眠市场”“未知市场”“潜在市场”。“现有市场”是目前已经开发出来的市场，“休眠市场”是消费者有需要但商家还没有察觉的市场，“未知市场”是在目前状况下双方都没有意识到的市场，“潜在市场”是商家已经察觉但消费者还没有意识到的市场。4 种类型中，只有“现有市场”才是让商家有钱赚的市场。市场是商家与消费者合作的结果，双方要尽量达到信息对称，不断扩大“现有市场”的面积，缩小其他市场的面积，让商家可赚钱的区域扩大、让消费

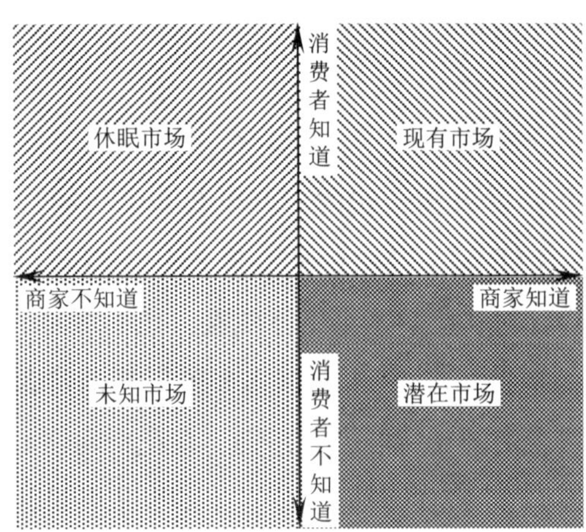

图 3-1　商家与消费者之间的信息对称状况（一）

者感到便利，如图 3-2 所示。图 3-2 所示的“现有市场”面积较图 3-1 中扩大了；与此同时，其他 3 个区域的面积在缩小。消费者与商家之间信息越对称，“现有市场”的区域面积就会越大，商家与消费者之间就越能够在高水平上实现双赢。

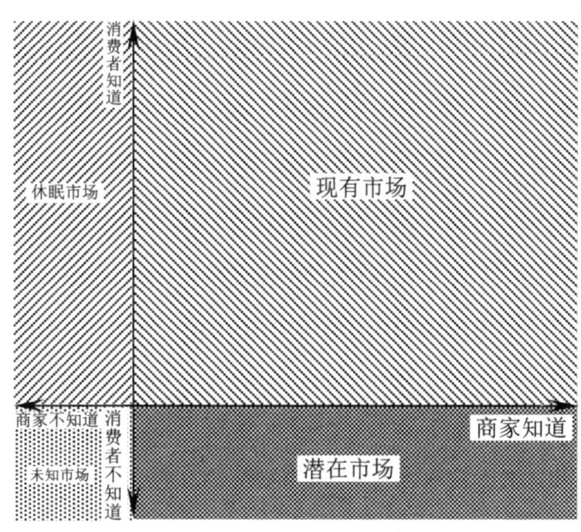

图 3-2 商家与消费者之间的信息对称状况（二）

四、种类多样

种类多样指消费者的需求是千变万化的。不同消费者的需求是不一样的，同一消费者的需求也是变动的。消费者是多种需求的复合体，不仅要吃饭，还要穿衣、戴帽、听音乐、看电视……在同一种产品的消费层面也是有档次之分的，有的人一顿饭只需要花费 20 元，有的人则需要花费几千元。同样是穿衣服，有的人只需要体面、大方，有的人则需要展示身份。越来越多的商家开始重视市场调查，只有深入到消费者群体中，了解消费者所想，切实为消费者解决面临的问题，消费者多样化的需求才能够得到满足。如果说消费者的多样化需求是“四面出击”，则商家的应付消费者的办法就是“围追堵截”。“一把钥匙开一把锁”，消费者这把“锁”会经常变化，并且不同消费者就是不同的“锁”，这就迫使商家必须不断地找到开“锁”的“金钥匙”。商家只有永远保持足够的创新力，以为消费者诚心服务的态度对待所有消费者，商家与消费者才能够皆大欢喜。

第三节 消费者需求的类型

一、物质需求与精神需求

以需求的对象为依据可以将人们的需求划分为物质需求和精神需求。物质需求是能够满足人们在衣食住行等方面的实物产品方面的需求；精神需求是从人们的心理方面考虑的，通过消费满足人们心理层面的某种需求。人们既有物质需求也有精神需求，商家在开发产品的时候，要两个方面兼顾。不同的消费者对物质需求和精神需求的需求程度会存在一定程度的差别。时代不同了，人们的物质生活层面的需求都普遍得到了解决，人们更多地将眼光转移到了精神层面。在精神层面的追求也在悄然变化，起初人们追求的只是数量，慢慢地会更加看重质量。

二、生存需求与发展需求

以需求的层次为根据，可以将需求分为生存需求和发展需求。生存需求就是马斯洛需求层次中的基本需求，发展需求就是马斯洛需求层次中的高层次需求。根据马斯洛的需求层次理论，人们首先要满足低层次的需求，然后才能够追求高层次的需求。一开始，在追求低层次需求的时候，人们的要求不会太高。但是，当生活层次提高之后，人们所追求的不再是生理上的满足，人们的关注点会从数量向质量转移：吃穿住用的变化方向分别是“吃饱→吃好”“穿上→穿美”“能住→舒适”“基本→奢华”。从数量到质量的变化，人们的消费满足更多地来自心理层面。人们的生活质量提高后，对自己的要求也会提高。比如，就图书市场而言，即使是消遣娱乐的图书，人们在“哈哈一笑”的同时也能够从中增长见识的图书就会有较好的市场。如果通过读书增长了技能，这样的图书注定也会有较好的市场，而读书、购书这样的行为就是消费者的发展需求。在当下，“发展”正在成为越来越多的消费者的生活主题。

三、自然需求与社会需求

以需求的起源为依据，可以将需求分为自然需求和社会需求两种类型。

自然需求是对吃饭、穿衣、睡眠等的需求，这些都是人们与生俱来的需求，并且是由人们的生理特性所决定的需求。自然需求是基本的需求，这是每个人都具备的属性。根据矛盾的普遍性和特殊性辩证关系原理，自然需求属于“普遍性”属性，人要正常生存，这些与生俱来的基本需求是不可或缺的。人们无论怎样忙，一日三餐是不能少也不能忽视的，合理的睡眠也是不可缺少的，这些基本的事情做不好，就很难谈及高效的工作。

社会需求是人们在后天的社会生活中习得的需求。与自然需求由消费者的生理特性所决定不同，社会需求是由消费者的心理需求所决定的。以吃饭为例，如果吃饭只是为了果腹，则属于自然需求；但如果在吃饭中加入了彰显身份的因素后，这种吃饭的行为中社会需求的味道就很浓了。就穿衣而言，如果仅仅停留在遮羞、御寒层面，这就是原始意义上的自然需求；但现在人们的穿衣已经远远超越了这个层面，人们要通过穿衣彰显自己的个性、展示自己的美丽，从而在他人心中树立一个美好的形象，这就是穿衣方面的社会需求。

自然需求和社会需求两个属性总是紧密联系在一起的，虽然产品中的社会属性的味道越来越浓，但无论如何，其自然属性还是最基本的。吃饭无论多好，吃到肚中才舒服；穿衣无论多华丽，必须能够遮羞；睡眠无论多自在，必须能够恬然入梦。

四、现实需求与潜在需求

依据需求的状态，可以将需求区分为现实需求和潜在需求。现实需求是消费者目前必须得到满足的需求。潜在需求是目前没有消费愿望而未来可能纳入消费日程的需求。人们的需求是随着社会发展而不断发展着的，“昔日王谢堂前燕，飞入寻常百姓家”，先前那些在人们看来是可望而不可即的产品，现在成了司空见惯的东西。商家要通过激发消费者的潜在需求，将消费者未来才能有的开销移到现在。现在做什么事情都讲究提速，在做生意的过程中能够跑在时间前面的商家自然能够赚得盆满钵满。与消费者多交流，将其潜在需求转化为现实需求，商家是责无旁贷的。

第四节　消费者动机的特征

一、相互学习

别人的动机可以转化成为自己的动机。心理学认为，动机包括行为能量和行为方向两个层面，行为能量是由需要的强烈程度决定的，需要越强烈行为能量就会越强。行为方向与行为者本身的经验、所处环境的方面都有影响。行为者本身的经验可以在学习中不断丰富，别人的经验也可以变成自己的经验。行为者所处的环境对行为者也是有很重要的影响的。人们常说的“近朱者赤、近墨者黑”，就是行为者所处环境对行为者产生严重影响所致。从这个角度看，动机可以通过行为者之间相互学习而进行传染，他人的动机可以转化为自己的动机。例如，在大学宿舍中，不同宿舍的生活氛围是不一样的，有的宿舍的学生都具有经商的头脑，这是在某一两个具有经商智慧的同学的影响下形成的，全宿舍的学生于是都生发出赚钱的强烈欲望，毕业后这些学生经商的可能性就非常大。与此不同，有的宿舍的学生具有强烈的求知欲，大家在学习这件事情上形成了强烈的竞争局面，毕业后几乎全部考取研究生，这个宿舍的学生将来从事教育或科研的可能性就非常大。积极向上的动机在这样的理念下相互传染，近距离经常交往的人之间的动机就可能趋同。

某超市开业当天生意异常火爆，这家超市的商品实际上也并没有任何出奇的特色，超市的位置也并不是很有优势。只是因为超市在开业前一个月就开始大张旗鼓地做宣传，承诺开业大酬宾，前来消费的顾客不仅能够购买到廉价的商品，而且能够领到赠品。超市开业这天，超市的营业员非常忙碌，理货员则在不停地在上货……所有的工作人员都在紧张有序地工作着。但是，前来光顾的消费者并不是所有的商品都购买，而是将购买重点放在了有优惠的商品上。有的消费者购买了一次后，将东西放在家中又前来购买。虽然超市表面上生意很红火，但只是那些有优惠政策的商品受到了消费者的青睐。开业当天晚上停业之前，那些有优惠政策的商品几乎清仓了。但是，超市开业第二天的营业状况就一落千丈……后来有专家对这家超市的这种“虚假繁荣”现象进行了分析，认为这是“学习”在发挥作用，即消费者是在相互学习中模仿消费行为的。在消费过程中，消费者希望通过“学习”扩大自身的效用、降低风险。所以，一个消费者会潜在模仿其他人的消费行为，这会对商家的销售业绩产生很大影响。

二、复杂多变

动机不是一成不变的，人的主观感觉也不是固定不变的。消费者的动机复杂多变，这就加大了商家的经营成本，商家只有通过比较缜密的市场调查，从复杂多变的消费者动机中寻找规律，并将其融合到自己的日常经营中，才能够将商家的“行”与消费者的“心”连接在一起。

三、主辅交织

同一种消费行为往往是受多重消费动机左右的。人们到饭店中吃饭，不但要享受到优质的服务，而且要享受优雅的环境。人们在购买衣服的时候，不但要追求公道的价格，而且要寻找适宜的花色和款式。价格公道是为了不铺张浪费，花色和款式相宜是为了找到适合自己穿的衣服。虽然消费者是抱着多种动机购物的，但这些动机中总会有一两个占据主导地位。如果占主导地位的消费动机不能被满足，消费行为就不能成为现实。以买衣服为例，如果消费者是冲着高端服装去的，就会非常在意衣服的面料和做工等，如果这些方面不能达到要求，即使款式、花样等再好，消费者也是不会“买单”的。在一定的时间和地点，消费者的多重动机有时候可以同时得到满足。但是，在很多情况下，消费者多个动机之间是存在冲突的。这时候，消费者就有必要舍掉其中的某些需求，只满足主要需求。消费者的目标集里，主要目标不等于唯一目标，主要目标只是意味着优先实现。次要目标虽然是衬托“红花”的“绿叶”，但只有这个“绿叶”非常茁壮，才能够烘托“红花”的鲜艳和美丽。目标集主辅交织、浑然一体，消费者不同层次的需求得以实现的同时，销售产品的商家也赚到了钱。

四、深藏不露

动机是隐藏在消费者行为背后的，在消费者没有行动的时候，动机很难被他人读懂。商家首先要了解市场，然后才能够按照消费者的需求制造产品，这样的产品肯定就有市场。在产品投入市场后，商家还需要不断对产品进行更新换代，让产品更加人性化。商家多为消费者考虑，消费者就能够买商家的账。比如，果冻是一种很好吃的零食，但幼儿在无成人陪同下吃这种零食的时候，在吞咽过程中就有可能发生哽咽窒息的悲剧。为了避免发生这种问题，商家在密封工艺上进行了设计，幼儿凭借自己的力气是不能打开果冻的，只有成人帮其打开果冻，幼儿才能够品尝到这样的美味。

消费者的消费动机深藏不露，这自然给商家增加了麻烦。商家只有将消费者的消费动机挖掘出来，才能够给自己带来源源不断的财富。

第五节　消费者购买动机

一、追求实用

追求实用是消费者购买商品的动机之一。购买钟表是为了看时间，购买自行车是为了行路，购买睫毛膏是为了让眼睛有神，购买北京烤鸭是为了解馋……商家无论怎样动心思，“消费者追求的是实用”这一点应该是商家始终要“绷紧的一根弦”。

二、谋求便利

如果自己家门前有一个小卖部，消费者临时想购买一瓶醋，就不需要到较远的超市中购买了。花一样的钱购买一样的商品，但不需要走更远的路，这当然是消费者情愿做的事情。“谋求便利”也是消费者购物的重要动机之一。

三、相互攀比

“邻居家都买车了，咱们也买吧”，这是很多消费者的一贯思维方式。车买了之后利用率不一定很高，但还是要买。消费者做出这种购买决策的初衷是“不能落后于邻居”。“攀比”在人们的日常消费中扮演着非常重要的角色。

四、节省开支

人们走在超市中，琳琅满目的各式礼盒会让消费者充满强烈的购买欲望。但是，同样的商品，如果是为了自己消费的时候，消费者是不太在意包装的。只要东西货真价实，购买非礼盒包装的能够达到同样的效果，况且还能够为自己节省下不少开支。但是，在馈赠亲友的时候，包装就很重要了，体面的包装能够增加商品的档次。但是，要包装就要付出较高的费用。

五、彰显身份

有些消费者为了彰显自己的身份，就需要通过消费名贵的商品满足心理需求。如图 3-3 所示，图中有两条需求线，分别代表一般商品的需求线和奢侈品的需求线。对于一般商品，在商品价格较高的时候（如点 P_{B1}），消费者的需求量较少（如点 Q_{B1}）；相反，在商品价格较低的时候（如点 P_{B2}），消费者的需求量较多（如点 Q_{B2}）。对于奢侈品而言，商品的价格较低的时候（如点 P_{A1}），消费者的需求量较少（如点 Q_{A1}）；商品的价格较高的时候（如点 P_{A2}），消费者

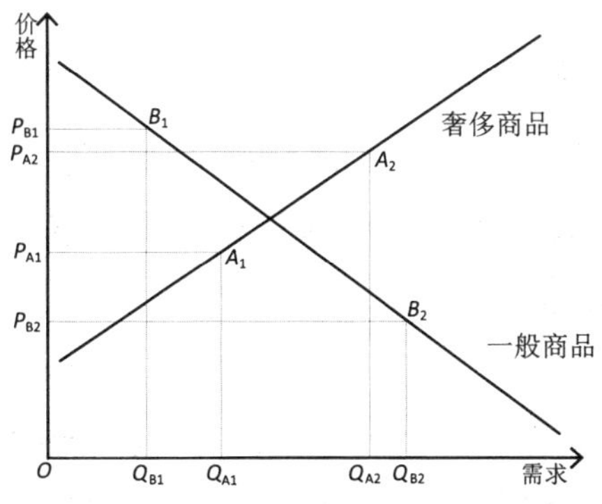

图 3-3　一般商品和奢侈品的需求线

的需求量较多（如点 Q_{A2}）。一般商品的需求曲线是一条向右下方倾斜的直线，而奢侈品的需求线则是向右上方倾斜的。消费者是商家的衣食父母，商家不对消费者进行认真分析，而是盲目地做出决定，这会让商家走进死胡同，最后的结果就是被淘汰出局。

六、美化生活

随着社会的发展，人们的生活条件普遍得到了改善。人们在“花边消费”层面的支出开始逐渐多了起来，这些花费能够提高人们的生活品味、美化生活。为了调节生活情趣，很多人在家中都要养上几盆花。花鸟鱼虫是消费者美化生活的重要手段之一。“美化生活”逐渐成了人们惯常性的开销。商家也会不失时机地为消费者提供能够美化生活的商品。

七、跟风消费

看见别人买什么自己也就买什么，这就是典型的跟风消费。“跟风”往往是与时尚连接在一起的。跟风消费着实能够给商家带来商机，商家也许在很短的时间内就能为自己日后的经营完成原始资本积累。独具慧眼的商家能够借助跟风消费这个航班，启动自己的财富旅程。

八、强调质量

“花钱买放心”也是消费者的消费动机之一。消费者不希望购买产品后接二连三地出质量问题。海尔有一个商业信条，“企业首先卖的是信誉，其次卖的才是产品”。管理学大师德鲁克也说过：“企业唯一有效的目标是创造顾客。”质量是企业的生命，这是消费者最为看重的。产品只有质量过硬，才能够谈及其他问题。消费者在购物的时候，对质量问题会斤斤计较。比如，消费者本来已经选好了要购买的一件衣服，但最后在打包的时候发现衣服上有一个破洞，消费者肯定会提出更换一件新的衣服的要求。如果消费者要买的这件衣服只有这一件，消费者也许就不会购买了。质量不仅表现在产品能够承受住消费者的“敲敲打打”上，还表现在商家的服务态度上。在消费者眼中，商家的言和行都是与产品紧密相关的。如果说产品本身是“硬件”，则服务态度就是“软件”。既然消费者最在意的是质量，商家就必须在质量方面下苦功夫。

第四章
消费者态度的形成与改变

“让消费者满意”是商家持续经营的重要保障。市场经济越完善，消费者可选择的余地越大，消费者不满意的因素就会越多。在消费者不满意商品的时候，会有很多种不同的表现，诸如拒绝继续购物、对商家提出投诉、对身边的人提出警示、忍气吞声等。在某个消费者不满意商家的时候，商家不要认为只是得罪了一个消费者。根据吉拉德的“250人定律”推论，商家会通过这一个消费者得罪大概250个消费者。根据这样的链式反应规则推算，商家会蒙受更多的潜在损失。

导读

导入案例　引导消费者，“光友粉丝”的变形记

第 一 节　消费者满意

第 二 节　消费者不满意

第 三 节　品牌忠诚

导入案例

引导消费者，“光友粉丝”的变形记

千百年来，人们一直沿用传统的制作方法将原生态的红薯淀粉制成粉条，这种传统粉条比较容易被消费者接受。从消费心理学方面讲，消费者接受新鲜事物总是需要一个过程的，这无形中就为新产品打开市场增加了难度。邹光友的“光友粉丝”就经历了这样一个艰苦的磨难过程。邹光友通过反复试验研制成功了与传统粉条截然不同的“光友粉丝”，但这种新产品并没有马上赢得消费者的认可。

邹光友为了让消费者接受自己的产品，在全国各地开始了有关“光友粉丝”的巡回演讲。在演讲中，邹光友介绍了“光友粉丝”的制作工艺，“光友粉丝”不但外观给人带来了视觉享受，而且品质上也有显著提高，尤其是“粉丝中不含明矾”是“光友粉丝”的亮点。在粉条（粉丝）的传统制作工艺中一般都需要加入明矾，只有这样才能改善粉条的口感，这已经成了约定俗成的步骤，但从来很少有人考察加入明矾后的粉条对人体健康产生的负面影响。中医学认为，明矾具有较好的收敛作用，可以用来解毒、止痒、止血、清热、消痰等，但因为明矾的化学成分为硫酸铝钾，其中的铝离子会对人体吸收钙铁产生负面影响，会导致骨质疏松、贫血，会导致记忆力减退，诱发老年痴呆症等。在传统消费方式中，人们对明矾产生的这些负面影响并没有多少认识。邹光友在对新产品介绍的过程中，特别强调自己的产品中不含明矾，食用“光有粉丝”就相当于保护消费者自身的健康。邹光友的产品宣传让消费者改变了对传统粉条（粉丝）的看法，开始接受“光友粉丝”。

“光友粉丝”的案例告诉我们：消费者对产品的态度是慢慢形成的，也需要慢慢改变。通过各种宣传策略，让产品在消费者心中树立好的形象，这是让消费者消费产品的前提。

第一节　消费者满意

一、消费者满意理论

消费者满意理论即顾客满意理论（Customer Satisfaction），它是在“产品中心论”“销售中心论”“利润中心论”“市场中心论”的基础上发展而来的。“顾客中心论”是第五个发展阶段。一般认为，“顾客满意”是一种心理状态，这是消费者的消费预期感受与消费经验一致情况下给予消费者的一种心理状态。这种心理状态越强，顾客满意度就越高，反之就会越差。早在 20 世纪中叶，学者们就开始致力于“顾客满意”方面的研究，但当时的关注重点集中在“期望—差异”方面：认为消费者对产品的满意度，一方面取决于现实满足与期望满足之间的差异（纵向比较），另一方面取决于此产品满足与他产品满足之间的差异（横向比较），消费者需要通过这种比较发现其中的差异，这种差异是消费者的一种主观感觉，这种差异越小，消费者的满意度就会越高。国外的很多营销专家都对顾客满意度给出了不同的概念，这些概念都有一个共同特点，即“满意度”都带有不同程度的情感色彩。同一种产品，消费者甲能够感受到极大满足，消费者乙却不一定能够感受到满足。这与不同消费者对产品的满足期望值有很大的关系，也与消费者的消费能力等诸多因素有很大的关系。

二、消费者满意的影响因素

影响消费者满意程度的因素非常多，包括产品品质、销售策略、售后服务、顾客特征、竞争品牌、店铺文化等，这些因素都会从不同侧面影响顾客满意度。消费者做出消费某种产品的选择，要从宏观和微观双层面进行考虑，产品的任何一个瑕疵都不会逃过消费者的眼睛。

（一）产品品质

消费者会非常关注产品的品质，为了得到较高的品质，消费者宁愿付出更高的价格。消费者满意度就是支付的成本与得到的效用之间的比较。如果用 P 和 U 分别表示消费者对产品支付的价格和从消费产品中得到的效用，用 R 代表消费者的满意度，对于某种产品甲而言有下面的关系成立。$R_{甲}=U_{甲}/P_{甲}$。$R_{甲}$越高，则消费者的满意度越高。因为 $U_{甲}$完全是一种主观感觉，所以，同样是产品甲，不同的消费者消费就会得到不同的 $R_{甲}$。消费者在从不同的店铺中购买类似的产品甲、乙、丙、丁的时候，会潜在地形成一个满意度排序，如 $R_{甲}>R_{乙}>R_{丙}>R_{丁}$。消费者满意度越高，就会认为该种产品的品质高，消费者的品牌忠诚度就会越高。

（二）销售策略

商家为了增加销售额，很多时候会进行促销。由经济学原理可知，对于需求弹性较大的产品，商家会采取降价策略，由于降价所导致的销售额的减少量会小于由于消费者需求量增加而导致的销售额增加量，商家的净销售额是增加的。相同品质的产品，消费者以较低的价格购买到，消费者满意度会增加。这就相当于将上面的公式中的 P 减小从而使得 R 值增大。

（三）售后服务

售后服务越来越成为产品的重要组成部分，对于相同的产品，消费者倾向于选择售后服务较好的。消费者在购物中会货比三家，尤其是在网络购物如火如荼地发展起来的情况下，人们在消费选择方面更加多元化。对于消费者而言，产品信息更加透明。所以，商家不但不放松产品硬件方面的竞争，而且将竞争的视角转移到了产品的软件方面。强化售后服务对于扩大产品销售份额是非常有效的方法。

（四）顾客特征

不同顾客对产品的关注点是不同的。男性会更多关注产品的功用，女性会更多地关注产品的外观。不同年龄、职业、偏好的消费者对产品的诉求也都是不同的。

（五）竞争品牌

品牌越丰富，消费者可选择的余地就越大。产品之间的竞争虽然对于商家而言是残酷的，但对于消费者而言，这是社会进步为消费者带来的福利。竞争越激烈，商家就越会花费较多的心思完善产品，消费者对产品就会越满意。

（六）店铺文化

店铺是一个小型企业，不同店铺的文化氛围是有差别的。消费者到店中购物，不仅要买到货真价实的东西，还要享受到自己所喜欢的文化氛围。服务人员的着装、笑容、商品的陈设、店面设计、购物群体等都是店铺文化的构成要素。“人以群分、物以类聚”，到某个店铺中购物的人群基本上是固定的，这是因为店铺文化将消费者群体锁定了。消费者奔走于不同的店铺寻找商品的过程也是寻找与自己的消费品位相契合的店铺文化的过程。这个契合程度越高，消费者的满意度也就会越高。

三、消费者对产品认知的影响因素

消费者对产品认知与消费者对产品的情感是紧密联系在一起的。认知状况不同，消费者对产品的情感也就会有差别。消费者对产品认知的影响因素是多方面的，包括产品自身的品质、消费者对产品的情感、消费者对产品的预期、消费者对交易过程的评价、消费者的心态、消费者的偏好与知识储备等。

（一）产品自身的品质

如果消费者面前呈现的是一件名牌产品，消费者就会抱着鉴赏的态度看待产品，消费者对产品的品质一般不会有过多的怀疑。但是，当消费者面前呈现的是一件名不见经传的产品的时候，人们就会抱着批评的态度对其进行“审查”，即使产品的品质没的说，人们也还是要对其进行认真“检查”。正是出于消费者的这个逻辑，一些不法商家就是通过仿冒名牌产品混淆视听骗得消费者的钱财的。

（二）消费者对产品的情感

消费者对某种产品情有独钟，自然就会非常认真地了解该产品。

（三）消费者对产品的预期

消费者对产品的期望值越高，就越会花心思去认识它。如果消费者想要购买一个翡翠手镯，肯定不会第一次进入珠宝店就买下来。一定要到多家珠宝店了解，在与服务员的交谈中自己识别翡翠手镯的知识就逐渐丰富起来了。消费者也逐渐由一个“门外汉”变成了“行家里手”。翡翠手镯价格不菲，谁买这样的东西也不会购买一箩筐。消费者用高价购买这样的产品，对产品的期望值也相对较高，正因如此，消费者对产品需要较高的介入度。

（四）消费者对交易过程的评价

消费者对买卖公道的产品的评价自然会较高。物美价廉的产品是消费者非常热衷的，但很多产品很难两全其美。“物美”的时候价格就会较高，“价廉”的时候产品的质量就会下降。有的时候，产品的质量平平，但商家会在一定范围内、一定时期内形成“垄断”，消费者明明知道自己被“宰”了，但还是不得不购买。虽然商家在短时期内赚钱了，但由于消费者从内心深处并没有买账，这样的商家注定会被消费者抛弃的。只要有了该种产品的替代品，消费者马上就会将该商家抛弃。公平的交易才能够让消费者对产品形成好印象，也才能让消费者进行重复购买。

（五）消费者的心态

消费者购物的心态是不同的，有的消费者是认准了某个产品后，仔细询问后最终打算购买的。但是，有些消费者在询问产品的时候并不一定要购买。消费者的目标不在于购物，而在于通过“打听”了解该产品更多的信息，以便为将来某一天真正消费的时候提供依据。消费者购物过程中持有的心态是多方面的，怀疑、欣赏、学习、鉴别、求廉、闲逛等，不一而足。

（六）消费者的偏好与知识储备

消费者的偏好与知识储备也会对产品认知有影响。比如，喜欢收藏的消费者会对收藏品市场非常关注。由于收藏品的种类非常繁杂，雕刻、陶瓷、字画等里面蕴藏着非常丰富的文化知识，消费者只有知识底蕴相当深厚，才不会将赝品当成家珍。消费者有的专注陶瓷、有的专注字画、有的专注雕刻，很多人已经从一般的爱好者升级为专业鉴赏家。消费者具有某方面的偏好进而在相关层面的知识功底较为深厚，就会对这个层面较为关注，消费者在这个层面的介入程度也就会更深。

第二节　消费者不满意

在消费者消费产品达到的实际效果与消费预期之间存在较大差距的时候，消费者对该产品就会不满意。对于这种情况，消费者一般会通过一定的方式表达出来，诸如拒绝到该店购买东西、对商家提出投诉、将自己的想法诉诸媒体、告诫其他消费者不要上当受骗、忍气吞声。如果商家与消费者报以合作的态度，对消费者感到不满意的产品进行更换或对消费者的损失给予赔偿，商家在消费者心中的良好形象会依然保持。否则，消费者的反应会对商家的持续经营带来负面影响。

一、做出“移情别恋”的消费选择

消费者对产品不满意，有的时候是产品整体出了问题，有的时候是局部出了问题。很多商家在经营中会感到非常纳闷：以前到店中购物的人很多，怎么近些日子店中越来越冷清呢？商家还不知道，由于在经营中自作聪明，往往会搬起石头砸自己的脚。比如，商家起初在店门口张贴“吐血大甩卖”“含泪大甩卖”“清仓大甩卖”等的告示的时候，人们还信以为真，但后来发现商家是在欺骗大家……消费者受到商家的“小欺骗”的时候，会暗自下决心——“下次一定不会再到这里买东西了”，商家在消费者心中已经没有了好的形象，这样的商家会逐渐淡出消费者的视野。

二、通过社会舆论讨要公正说法

消费者受到了不公正的待遇，在找商家理论未果之后，就会想到通过社会舆论的方式向商家提出挑战，消费者目的在于通过社会舆论的方式让商家受到谴责，通过社会监督这种方式让商家“回心转意”，让自己的损失也在一定程度上得到弥补。消费者借助社会舆论的时候，已经不代表个人了。某个消费者受到的伤害，其他消费者也可能会受到同样的伤害。新闻媒体对商家的监督会使商家的不良行为得到曝光，在社会舆论的监督下，商家的不良行为会有所收敛。在一个交易中，商家得到的是商品的价值，实现了马克思所说的“商品的尽显的跳跃”，消费者通过交易得到的是商品的使用价值。用政治经济学的语言讲，商品的生产者和使用者之间这样的交换，实际上是等量劳动之间的交换。消费者为了得到商家提供的产品，就需要首先通过其他方式付出劳动，用换取的成果向商家交换自己需要的使用价值。这种交换不仅在量上应该相等，在质上也应该相等。尤其是消费者用非常多的劳动换取预期的使用价值而没有达到预期的时候，消费者是很难忍得住这种窝囊气的，诉诸媒体将事情搞大并将其解决，同时也要让商家受到应该受到的制裁，这才是消费者的心意。

三、对身边消费者提出警示

消费者在购买产品出现问题之后，除了拒绝再次购买这种产品和向新闻媒体诉求外，还会积极地告诉身边的人“不要购买这种产品”。消费者首先要将这样的消息告诉自己的亲友、同事等与自己关系很密切的人。消费者身边的人受到负面信息感染后，对相应的产品会产生抵触心理。每个消费者都有自己的生活圈，通过这种生活圈，就会一传十、十传百，在更多的消费者中间通过口传的方式，对产品造成负面影响。如图 4-1 所示，假定消费者 A 是受害者，A 会通过自己的关系网，对 B、C、D……L、M 等产生影响，这些受到影响的人会进一步按照这样的“链式反应”规则无限延伸下去，最终受影响的消费者会以几何级数的速度上升。A 通过现身说法对身边的人做“负面报道”，这些受到影响的人进而又按照这样的方式向其他人做“负面报道”。商家看上去是得罪了一个消费者，但实际上是得罪了所有的消费者。所以，聪明的商家一定要善待每一个消费者。按照上面的逻辑，商家善待了一个消费者，消费者仍然会按照这样的“链式反应”规则对身边的人产生影响。更多的消费者会尝试消费该产品。在消费者看来，正当经营是商家本来就应该做的事情，缺斤短两等是丑陋行为，所以，商家的善行不会传得很快，但恶行会像脱缰的野马一样在一夜之间传遍大街小巷。

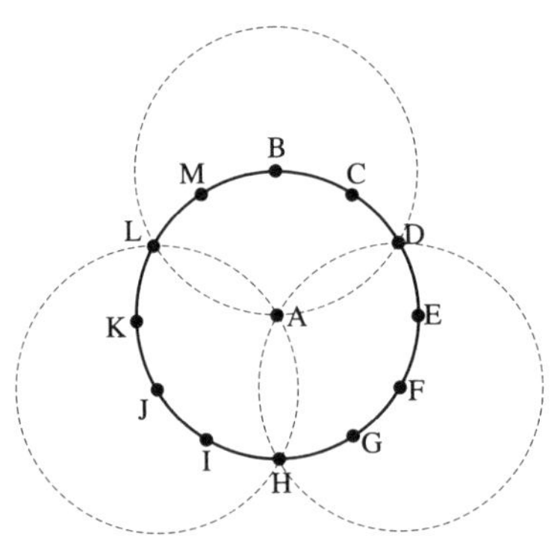

图 4-1　消费者影响的链式反应

四、消费者自认倒霉

消费者在受到委屈之后，由于找商家讨要一个说法很麻烦。在自己所受损失不是太大的情况下，有些人就会忍气吞声。这样的消费者在损失面前就自认倒霉了。消费者做出这样的选择，原因在于找后账得到的收益与找后账付出的代价相比较，收支相抵或者得不偿失。在他人眼中，消费者还落得一个“斤斤计较”的名声，所以，消费者在多种因素影响下就会作罢。但是，消费者做出这种选择的时候，无意间怂恿了不法商家“作恶”的动机。

第三节　品牌忠诚

一、品牌忠诚的含义

品牌忠诚是消费者对某种产品形成消费偏好，并在相当长时期内对该产品持续稳定地进行重复消费的行为。理解品牌忠诚这个概念，需要把握好以下几个层面的内容。

（一）自发性

品牌忠诚是消费者的个人选择，不受任何外力约束。这完全是消费者发自内心地对产品的一种喜爱。产品的品质与消费者的偏好相吻合，让消费者对这种产品难以割舍，产品与消费者如影随形。

（二）持续性

消费者一次购买该产品即使量很大，也不能说是品牌忠诚。“忠诚性”需要用时间检验的，消费者与产品之间的这种情感是在长时期内建立起来的。每次消费的量不一定很大，消费者在该产品上面已经形成了一种雷打不动的消费习惯。别人的想法很难对该消费者产生作用。

（三）反复性

“重复购买”是忠诚的最重要表现。由于消费者对该产品已经非常信任，进而形成强烈的依赖，所以，消费者会不断地购买这种产品，消费者对产品的忠诚度正是通过这种重复购买行为表现出来的。

（四）兼容性

消费者对某个产品报以品牌忠诚，并不排斥同时会消费其他产品。“品牌忠诚”是以产品的品质不改变为前提的。只有这样，消费者才会从消费这样的产品中找到旧时的感觉。产品由于让消费者产生回味而对消费者产生强大的吸引力。

（五）感染性

某个消费者由于对产品报以品牌忠诚，消费者的“痴情”会对身边的其他消费者产生影响，其他消费者进而也会产生试着消费该种产品的冲动。所以，持有品牌忠诚心理的消费者会对身边的消费者产生影响，这对于扩大产品的影响力是有很重要的意义的。

二、品牌忠诚的原因

品牌忠诚是由很多方面的原因促成的，产品自身魅力、降低购物风险、迫于时间压力、彰显自我形象等都是品牌忠诚形成的主要原因。

（一）产品自身魅力

要让消费者“爱”上自己，产品本身就应该具有独到的魅力，这是吸引消费者眼球的地方。产品本身具有魅力是使其能够与消费者建立持续关系的前提，离开了这个前提，一切其他的事情都将无从谈起了。

（二）降低购物风险

消费者买东西是不会花冤枉钱的。市场上有很多同样的产品，在林林总总的产品面前，一些消费者虽然喜欢尝试新事物，但也有一些消费者不愿意冒风险。先前有过消费经验的产品能给自己带来安全感。一些上了年纪的消费者在他人面前经常会说“这是我多年以来一直在使用的老牌子”。言谈中带着少许自豪，这些消费者对这样的老牌子已经具有了浓厚的情感。

（三）迫于时间压力

一些人也许有过这样的经历，在超市中劳心费神地选了一些东西，到出口结账的时候，服务员说这些产品还没有录入数据库，不能购买，顺手将产品放在了一边，口中连句“对不起”都不说。消费者见状就与服务员大吵起来……在服务员看来，这些产品只是一些钱而已；但在消费者看来，消费者按照自己的喜好选择产品，除了花钱之外，还需要花费很多时间。所以，商家应该懂得，消费者购物不但要花费经济成本，还要花费时间成本。商家只有将这个因素考虑在内，才能说“为消费者考虑得更周到”。

（四）彰显自我形象

消费者通过消费某种产品可以彰显自我形象。比如，外向的人会选择颜色明快的衣服，内向的人会选择颜色较深的衣服；年轻人会通过衣服表现出自己的朝气蓬勃，老年人会通过衣服展示出自己的老成持重。人的内在世界是通过衣食住行等这些日常生活琐事再现出来的，所以，消费者日常消费就是要朝着自己将要打造的形象方向去的。

丽卡娃娃是20世纪60年代由日本的一家玩具公司推出的一款玩具娃娃，该产品通过巧妙的营销方式打开了消费者的心扉，让消费者通过链式消费成为该种玩具的忠诚顾客。商家在推出这款产品的时候，已经预想到这样一个问题：消费者不可能总是重复性的购买同一款产品。如果只是生产一个单调的产品，即使再好的产品，消费者购买一次后也不会再度购买。商家为了让消费者能够重复购买该产品，特别为丽卡娃娃创造出了不同的简历，在简历中为每一个丽卡娃娃设计出了自己的父亲、母亲、爷爷、奶奶及兄弟姐妹。于是，每一个丽卡娃娃就变成了世界上独一无二的娃娃，“丽卡娃娃”的名字虽然有共同之处，但由于简历不同，从而有了不同的身份。商家的创新之处还在于为丽卡娃娃提供了替换服装的服务，消费者可以带着心爱的丽卡娃娃到指定的经销商那里为其替换衣服或将衣服买回去亲自为其换上。消费者身边的丽卡娃娃虽然是唯一的，但衣服会有好多套，商家从丽卡娃娃的衣服上面赚得不少收益。消费者在不断地为丽卡娃娃换衣服的过程中可以体会到乐趣，并且将丽卡娃娃人性化，将其真正变成自己生活中的朋友。消费者为了让自己的丽卡娃娃更加靓丽，就会不断地为丽卡娃娃购买新衣服，自然就会成为丽卡娃娃的忠诚顾客。

第五章
个性差异与消费行为

有关人的个性，很多专家学者提出了自己的理论，这些理论为商家读懂消费者提供了很多帮助。但是，绝大多数商家在经营买卖之前很少有先系统研究一下“个性理论”的。既然个性差异是客观存在的，商家在待人接物的时候，就要以“个性差异”为前提，对消费者展开攻势。商家面对不同个性的消费者，就要学会与不同的消费者进行沟通的技巧。张瑞敏说过，市场唯一不变的东西就是永远在变。消费者也是永远在变化。商家要让自己成为一个“弄潮儿”，要在浪尖上舞出迷人的风姿，就要多研究消费者，从消费者关心的角度研究产品。“诚心为消费者服务”就是对消费者的尊重，消费者会通过“用脚投票”的方式买账的。

导读

导入案例　暖家个性壁饰，让“沉默”为消费者开口说话

第 一 节　消费者的自我概念

第 二 节　消费者的个性差异

第 三 节　消费者的生活方式

第 四 节　消费者的性格特征

第 五 节　消费者的兴趣

第 六 节　个性理论

导入案例

暖家个性壁饰，让“沉默”为消费者开口说话

随着经济发展，人们的生活条件好了，房子也变得越来越宽敞，壁饰也成了消费者关心的问题。壁饰不但是消费者关心的问题，也是商家关心的问题。暖家个性壁饰就是商家在认真分析消费者的基础上创设的。暖家个性壁饰凝聚了一批富有创意灵感的画师和手工制作者。

壁饰不难理解，一般是指装潢在墙壁上的饰物，通过对实物材料进行艺术加工挂在墙上，增添生活空间的文化氛围。说到底，壁饰是一种文化，消费者会将其喜欢的壁饰挂于墙上，这些壁饰能够表达主人的品位和思想。壁饰的种类非常丰富，包括书法、绘画、摄影以及挂件等多种类型。挂件包括扇面、钟表、面具、挂盘等多种类型。

为了张扬消费者的个性，暖家个性壁饰在壁饰的材料选择上做出了精心安排。从制作材料层面看，壁饰可以分为金属壁饰、陶瓷壁饰、纺织壁饰、纸质壁饰等。从设计风格层面看，壁饰又可以分为功能性壁饰、写实性壁饰以及抽象型壁饰等。不同质地的壁饰可

以给人们展示出主人不一样的生活情调。以绘画壁饰为例，目前绘画的材质越来越多样化，布贴画、贝雕画、麦秸画、玻璃画、陶瓷画以及金属画等材质的画壁饰应有尽有。这几种壁饰中，布贴画、玻璃画以及陶瓷画相对于贝雕画、麦秸画就显得比较普通，情调更加高雅的消费者一般会倾向于选择贝雕画和麦秸画。有些消费者在选择合适的壁饰同时还会选择在墙上作画，暖家的个性壁饰的设计师会按照消费者意愿先画出草图，让消费者在电脑上观看效果。然后，再为消费者量身打造满意的产品。“壁画＋壁饰”更能多层次地反映消费者的生活情趣。

随着网络购物不断发展，暖家个性壁饰也开始了网上销售。他们将琳琅满目的壁饰拍成图片，并将装饰后的居所拍成视频传到网上。暖家个性壁饰的网站很快得到了更多消费者的关注。壁饰是非常适合网络销售的产品，在暖家个性壁饰开启了网络购物业务后，他们的销售业务更加火爆了，每天都有很多来自全国各地的订单。这些消费者的要求千差万别，原先在实体店中两年都无人问津的壁饰物件，在网络销售的情况下却有很大的市场。网络销售在产品与消费者之间实现了对称。与此同时，暖家个性壁饰发挥青年艺术工作者的丰富想象力，打造出了很多独一无二的产品。他们发现，这些充满艺术魅力的壁饰，最终都能销售一空。

第一节　消费者的自我概念

消费者拥有多个自我概念，这包括实际的自我、理想的自我、社会的自我、同事的自我、期待的自我等。实际的自我就是“消费者如何看自己”，理想的自我就是“消费者希望中的自己”，社会的自我就是“消费者认为社会如何看待自己”，同事的自我就是“消费者感觉到的他人眼中的自己”，期待的自我就是“消费者企盼自己将来的样子”。多重自我概念就使得“自我”这个问题变得比较复杂了。如果实际的自我与其他自我概念不一致，消费者在消费行为上也可能会出现错位消费现象。例如，本来是收入不高的人花钱却大手大脚，本来是非常富有的人但消费时却非常吝啬。消费者自己眼中的自我与他人眼中的自我存在严重不对称的时候，在他人眼中，这个消费者就是“不正常”的。

第二节　消费者的个性差异

每个人在对客观事物做出反应的时候，都会表现出不同的行为特点，这是由人们的心理差异造成的，这就是个性差异。个性差异表现在个性倾向和个性心理特征两个方面，前者是指一个人对客观事物的态度或具有的意识倾向，包括个人的动机、兴趣、理想等都属于这个层面；后者是指一个人所具有的本质的、稳定的心理特点，包括人们的能力、气质和性格等。

人们的个性差异会在穿衣戴帽等各个方面表现出来，从而表现出不同的消费倾向。外向的人喜欢穿颜色鲜亮的衣服，内向的人在穿着方面相对比较保守。有的人在开支方面大手大脚，即使收入不高也要追求高消费。有的人开支非常节约，即使收入不菲也不会铺张浪费，在生活中非常节俭。性格差异自然会造成消费差异。

心理学认为，人的性格是受气质影响的。关于气质的研究已经非常成熟。古希腊的希波克拉特很早就注意到人具有不同的气质，并认为不同的气质是由体液的不同造成的，将人的体液分为血液、黏液、黄胆汁和黑胆汁等 4 种不同类型。希波利特对希波克拉特的观点进行了发展，认为每个人体内 4 种体液的比例是不相同的，根据体液比例的差异将人的气质划分为 4 种类型，分别是：多血质、黏液质、胆汁质、抑郁质。多血质的人体液中的血液占优势，黏液质的人体液中黏液占优势，胆汁质的人体液中黄胆汁占优势，抑郁质的人体液中黑胆汁占优势。巴甫洛夫关于气质的解释是，气质实际上就是高级神经活动的兴奋或者抑制过程在强度、均衡性以及稳定性等方面的表现，这种表现特征与人的行动方式统合起来就表现为人的气质。巴甫洛夫认为人的高级神经活动有 3 个基本特征：强度、适应能力和灵活性。强度是指大脑皮层的兴奋与抑制过程的强弱，适应能力是指兴奋与抑制力量的平衡或者不平衡，灵活性是指兴奋与抑制相互转换速度的快慢。巴甫洛夫认为人的高级神经活动可以分成兴奋型、活泼型、安静型、缄默型等 4 种类型。不同状况的组合状态就形成了人们的不同气质类型。

气质是相对稳定的个性心理特征，一个人是性格开朗还是沉默寡言，是粗犷豪放还是温文尔雅，是刁钻奸猾还是忠厚老实，不是说变就能变的，这些来自气质性的东西会跟随人们一辈子。人们经常会发现，某个人在小时候经常穿深颜色的衣服，二十年以后偶尔的一次见面发现，这个人还是老样子，不但穿着方式还是老样子，就连说话的眼神、表情、手势等都没有变化。气质相对稳定，不容易变化。一个人如果想改变一些不良气质就需要长时间坚持，当自律变成习惯的时候，这个人就会给他人刮目相看的印象了。

第三节 消费者的生活方式

消费者的生活方式与其性格是紧密相关的。有的人喜欢在家中写字、读书，即使有远游的机会也会主动放弃，在空闲的时候到郊区走一圈就算是旅游了。有的消费者则天生就是个“旅行家”，喜欢在江河大川间奔走，喜欢蹦极、漂流、探险、跳伞、登山、野外生存，性格内向的人和甘于寂寞的人是不愿意涉足这方面的事情的。“人以群分、物以类聚”，性格相似的人会扎堆，彼此之间具有共同语言，生活方式、消费方式也会彼此感染。随着社会经济发展，人们可资选择的生活方式越来越丰富。是在城市生活还是在乡村生活，是骑自行车还是开私家车，是自己做饭还是到饭店就餐，消费者的购买力提高了，在这些方面可以做出更多的选择。在经济条件不好的时候，人们即使具有不同的性格癖好进而具有不同的消费愿望，也不能成为现实。现在生活条件变好了，人们在衣食等问题上不再是被动选择，人们可以在“变肥”和“饿瘦”之间根据自己的喜好做出选择；在穿的问题上也开始花样翻新，“暴露”的打扮与“传统”的装束之间，人们具有更多的选择余地。

性格外向的人具有更多的消费选择。商家为消费者提供的消费选择丰富多样了，消费者可以根据自己的消费能力做出消费选择。有钱的人可以几千元买一部手机，收入不高的人也可以用几百元钱买一部手机。人们在消费中可以展示自己的性格。

第四节　消费者的性格特征

消费者性格特征包括态度、理智、情绪、意志等 4 个层面。态度特征是指人们在处理各种社会关系时对他人所持有的态度，理智特征是人们在记忆、思维等方面的特征，情绪特征是人们在情绪控制等方面表现出来的特征，意志特征是人们行为活动时在行动习惯、控制方式等方面表现出来的特征。性格特征不同，消费者行为也不同。

消费者在购物过程中，根据各自的行为表现可以区分为内向型、外向型、情绪型、理智型、意志型等不同类型。内向型的消费者一般比较含蓄和矜持，内心的想法一般不易表露出来，在表情上也不易察觉，这就需要商家对其进行认真揣摩，善于从消费者的细微变化中读懂消费者心理的商家就能够有更多机会赢得消费者。外向型的消费者相对于内向型的消费而言，比较容易表现自己的情感，能够主动与商家交流，眉宇之间能够清楚地表明自己对产品的态度，消费者的心理活动是不难被商家猜中的，商家与消费者之间可以实现无障碍交流。情绪型消费者在购物中容易冲动，容易被购物现场的氛围影响，看见其他人疯狂购物的时候，自己也会加入到这样的阵营当中去。理智消费者正好与情绪型消费者相反，这样的消费者在做出购物决策之前都要进行缜密思考，是在完全信息基础上做出购买决策的，在做出购买决策之前一般不会放弃。意志型消费者一般不会轻易改变既定的购买决策，在购物的过程中意志比较坚定。即使遇到阻碍购物的因素，意志型消费者也会通过各种方式排除障碍，为购得心仪的物品铺平道路，竞价拍得珍贵古董就属于这种情况。因为人们觉得这种物品升值的潜力较高，古董收藏不仅代表个人的品位，而且能够达到增值的目的。购买古董的过程中会遇到很多阻力，虽然如此，意志型消费者还是要冲破千难万险达到占有这种物品的目的。

第五节 消费者的兴趣

不同消费者的兴趣爱好有很大差别，这种差别会进一步影响消费者对周围事物的关注点。有人说“兴趣决定消费”，这是正确的。臭豆腐这种东西，虽然是某些人如痴如醉的美食，但也有一些人对之是退避三舍的。某些物品对于一些人而言，其价值具有千钧之重，但在其他人眼中却是轻若鸿毛，这样的巨大差别是由于“兴趣”所致。

兴趣与性格是紧密联系在一起的。消费者的兴趣具有倾向性、广泛性、稳定性、差异性等特点。就倾向性而言，消费者的兴趣是与自身的性格特点相一致的，消费者消费商品总是向着给自己带来更多快乐的方向进行，有些消费虽然在他人眼里是“花钱买罪受”，但消费者实际上是从中得到了快乐。就广泛性而言，消费者的兴趣往往不只局限在某个方面，消费者往往具有多方面的兴趣爱好，消费者是一个“复杂人”“多面人”。在既有兴趣的基础上，还可以“见景生情”，消费者在一时一地的兴趣在某些情况下可以被隐藏，但条件具备的时候就可以显现出来。消费者兴趣爱好的广泛性程度是受消费者自身的生活阅历、受教育程度等因素影响的。就稳定性而言，消费者的兴趣爱好一旦产生就不易发生变化。消费者在年轻的时候会尝试各种不同的事物；随着年龄增大，消费者的兴趣爱好逐渐固定下来，并成为终生的爱好。就差异性而言，不同消费者的兴趣爱好是有差别的，这就是所谓的“穿衣戴帽，各有所好”。

臭豆腐，在很多人看来是躲之不及的食品，但在另外一些人看来，这是趋之若鹜的食品。臭豆腐虽然闻起来是臭的，但吃起来是香的。专家说，这是因为人们嗅觉与味觉系统是两码事，嗅觉和味觉的感受有时是不一致的，臭豆腐就是一个典型例子。臭豆腐是有来历的，传说清朝康熙年间，安徽黄山的王致和入京赶考。由于缺少盘缠，王致和在京城操起家传的做豆腐行当。夏季时节，有时豆腐不能全部卖掉就会发霉，王致和不忍心将其扔掉，就找来一口缸将其腌制了起来。发奋苦读的王致和将腌制的豆腐全然忘却了。时隔半年，王致和突然想起了那缸豆腐，打开缸盖的时候，顿时一股浓浓的臭气扑面而来，但尝一尝发现，豆腐中蕴含着一股香气。后来，王致和索性做起了臭豆腐的生意。由于这种佐餐食品价格低廉，很快就打开了销路。随后，臭豆腐的名声开始大了起来，也传入了宫廷。萝卜白菜，各有所爱。虽然不是所有人都喜欢吃臭豆腐，但只要有那么一群人喜欢吃臭豆腐，臭豆腐就有了自己的发展空间。

第六节　个性理论

一、弗洛伊德——个性结构理论

弗洛伊德是奥地利的精神病医生，在长期从医的基础上创立了精神分析理论。该理论不是简单地停留在表面的心理分析层面，而是要深入研究隐藏在心理现象背后的精神根源。弗洛伊德的理论主要包括个性结构理论、个性动力理论和个性发展理论等，这里主要对个性结构理论进行简要阐述。

无意识假说是弗洛伊德个性结构理论中的重要理论，弗洛伊德认为“无意识才是精神的真正实际”，通过大量病例论证了“无意识是心理活动的真正主宰”。人们在日常生活中的很多言行，虽然表面上看是“有意识”的结果，而实际上“无意识”在支配着人们的行为。弗洛伊德将“意识”分为“意识”“前意识”和“无意识”等3个方面，“无意识”是核心。“无意识”包含两个层面：其一是与生俱来的没有得以分化的心理能量；其二是由于意识厌恶而被封存起来的心理能量。从这两个层面看，弗洛伊德的“无意识”理论包含了“原始的本能冲动”，也包含了人们在有意识情况下刻意被“窖藏”起来的心理力量。在条件适合的时候，这些“无意识”就会发挥作用，潜在地支配着人们的行为。“前意识”是介于“无意识”和“有意识”之间的一种情况，“前意识”中可以储存被暂时遗忘的意识。在需要的时候，这些“前意识”可以被唤醒。“意识”是能够被直接感知的部分。弗洛伊德认为，虽然“意识”是最为清醒的，但其对人的行为支配是最无能为力的，只有“无意识”才是对人的行为进行支配的最为强大的力量。

弗洛伊德认为个性包括本我、自我和超我 3 个层面。本我是与生俱来的非理性因素。弗洛伊德认为像饥渴、性欲等都属于本我的范畴，认为本我遵循“快乐原则”。人们在受到外界刺激的时候，欲望就会增强，为了达到欲望，人们就会内心紧张。在欲望满足之后，这种紧张感就会消除。自我是在本我的基础上发展出来的理性心理状态，本我能够在现实需要与非理性需要之间实现平衡。人们能够比较清楚地认识自己。超我是人们将社会规范、社会价值观等内化为自己意识形态的一部分后所产生的一种心理状态。“超我”能够自觉约束个体按照社会规范做事，能够实时地抑制“本我”，监控“自我”，实现“超我”。从“本我”到“自我”再到“超我”，是个人对自己不断进行超越的结果。

二、荣格——人格结构理论

荣格认为，人格是一个整体结构，认为人生下来就具备一个完整的人格。精神病医生的责任就在于帮助精神病患者恢复失去的人格，这是一个人格重建的过程。荣格认为，人格由意识、个体潜意识和集体潜意识等 3 个层次构成。意识是人格中能被个体觉知的部分。人们做什么、不做什么等，都是在意识的支配下完成的。人的意识与个性是同步的。荣格认为，自我是意识的核心，荣格谈及的“自我”概念与弗洛伊德的“自我”概念是一致的。“自我”就是一个“警卫员”，能够对大量的材料进行筛选，只有符合“自我”要求的部分才能够送到“意识”中去。“警卫员”能够保证意识主体行为的理性。

荣格认为，个体潜意识是被遗忘的记忆和被压抑的经验。荣格的潜意识理论与弗洛伊德的前意识理论非常相似。个体潜意识就是“情结”，“情结”具有非常强的感情色彩。“情结”具有内驱力，可以在很大程度上支配个人的思想和行动。强有力的“情结”能够促使人们努力工作，让自己表现得尽量完美，并且能够做出较大的成绩。

荣格指出，集体潜意识处于意识的最底层，这是从祖先那里遗传得到的经验，而不是后天习得的，并且从来没有也永远不会在意识中出现。所以，集体潜意识是人类演化过程中积累下来的精神产物，这种集体潜意识会通过做梦、幻觉或者想象的方式表现出来。于是，集体潜意识也构成了对人格有巨大影响力的部分。

三、阿德勒——个体心理理论

阿德勒的个体心理理论主要包括追求卓越、自卑和补偿、生活风格、社会兴趣、出生顺序等几个层面。

①追求卓越。阿德勒认为，人出生的时候就会带有先天的身心缺陷，具有不同程度的自卑感。在后天发展中通过追求卓越可以对这些缺陷进行弥补。人所具有的这种追求卓越的精神完全来自人们内心中的内驱力，并且自卑感是推动人们获取成就的主要动力。阿德勒非常强调追求卓越的重要性，“追求卓越”于是成了其理论框架中的核心内容之一。阿德勒在强调“追求卓越”的同时也强调“自我调节”，认为只有能够在二者之间很好地进行平衡的人，才能够对社会发展产生积极影响。

②自卑和补偿。阿德勒认为，人的器官容易患病，进而会妨碍个人作用的正常发挥。所以，人们必须通过补偿的方式弥补这种缺

陷。人们会通过加强锻炼让虚弱的身体强壮起来，会通过改善饮食等方式让身体状况得到改善。阿德勒还指出，这种补偿方式还可以通过身体机能的替代性补偿得到实现，这在日常生活中例子很多，如有些人上肢失去功能，于是就会通过锻炼下肢，完成上肢应该完成的功能，如用脚指头写字、拿筷子等，下肢经过锻炼，这些功能都可以得到实现。还有，有些失明的人，耳朵会非常灵敏，并且触觉也相对发达起来，这些例子都可以说明，身体机能的替代补偿作用。

③生活风格。生活风格就是人们所具有的独特的生活方式。每个人在长期的生活过程中都会形成相对固定的有别于他人的生活风格。生活风格可以区分为好和坏两种类型，健康向上的生活风格有助于与其他人建立起较好的人际关系。人们怎么想是看不见的，但人们的思想可以通过生活风格展示出来。所以，要想很好的了解一个人，就要详细地了解其生活风格，通过外在的东西分析其内在品质。

④社会兴趣。阿德勒认为，社会兴趣是人对自卑的一种补偿。那些堕落的人就是由于高度自卑并且严重缺乏社会兴趣所致。通过长期的研究，阿德勒得出结论：缺乏社会兴趣的人就会导致比较严重的自卑感。所以，“社会兴趣”是衡量一个人心理健康程度的重要指标。缺乏社会兴趣的人就会将自己封闭起来，进而对社会产生负面印象。人们的社会兴趣是在青年时期以前养成的，并且父代家庭成员对子代有很重要的影响。父代的思维方式、兴趣爱好等会对子代产生较大的影响。

⑤出生顺序。阿德勒在研究中特别强调出生顺序的作用，认为出生顺序不同会导致个体在家庭中的地位不同，从而对人格的养成具有很重要的影响。不同出生顺序的人，在家庭生活中为了博得父母的爱，会通过不同的方式达到目的。年长的孩子由于身体强壮，

在争夺家庭资源的过程中处于强势，说话的态度以及做事的风格就相对强势。年幼的孩子由于在体力上处于弱势，为了从父母那里得到更多的爱，就要学会甜言蜜语。所以，出生顺序不同，就会在后天成长中养成不同的人格。阿德勒认为，家庭中年长的孩子在弟弟妹妹出生后，由于父母会将爱转移到这些年幼的孩子身上，年长的孩子会产生较多的不安全感。所以，年长的孩子的性格往往比较倔强、孤僻，并且会对他人有更多的敌意。当然，从现代人的生活感觉看，出生顺序确实对人的性格会有很大影响，但这也不是绝对的。只有与其他诸多因素综合，才能够辨清人的性格形成机理。

四、马斯洛——需求层次理论

马斯洛将人的需求分为 5 个层次：生理需求、安全需求、情感和归属需求、尊重需求、自我实现需求。马斯洛认为，这 5 个层次的需求从低到高排列成一个阶梯，人们最初只是对低层次的需求具有强烈的需求，发展到一定阶段后，人们开始更多地追逐高层次的需求。只有低层次的需求达到满足后，人们才会强烈地追逐较高层次的需求。

生理需求位于需求金字塔的底层，这是最基本的需求，人们对呼吸、水、睡眠、食物等的需求就属于这个层面。安全需求相对于生理需求层次稍高，人们对人身安全、健康保障等的需求就属于这个层面。情感与归属需求是较高层次的需求，人们对交友、爱情等方面的需求就属于这个层面。尊重需求是人们希望得到社会承认的需要，包括被他人尊重和受他人尊重的需要两个方面。自我实现需求是最高层次的需求，这是人们实现个人理想和抱负的需要。由于每个人的能力不同、综合素质不同，自我实现的需要也是千差万别的。

马斯洛的需求层次理论是从一般意义上刻画的需求层次。在特殊情况下也有例外情况，即在低层次的需求没有得到满足的时候，人们会首先追求较高层次的需求，在较高层次的需求得到满足后再继续满足较低层次的需求，这种情况也是存在的。这就是“跳跃的需求”。有时候，人们虽然追求较高层次的需求愿望非常强烈，但如果较低层次的需求没有达到，人们的需求层次也会从较高层次退回到较低层次。“跳跃的需求”不仅表现在“向上跳跃”，也表现在“向下跳跃”。

五、罗得克——五层次人格理论

罗得克认为一个完整的人格可以划分多个层次，而且这些层次之间彼此会产生关系，下层会逐步向上层发展，在发展为上层之后又会逐渐控制下层。罗得克认为人格从低到高分为五个层次，即生命层、植物层、情绪层、人格层、自我层。

生命层指人的最基本的生命力，这是其他各层存在的基础。植物层指生命活动过程中的自主调节能力，但这种调节类似植物生命活动的调节。情绪层也被称为动物层，该层中具备了动物的本能和冲动，生命具备了情感因素，这是动物所具备的独特性质，较植物层是更高级的层次。人格层是指生命体已经具备了清醒的意识，具备了心理过程。自我层是最高层，生命体保持清醒的意识状态，能够控制肌体避免产生盲目行为，该层也被称为人性层。罗得克认为人格是由人的清醒意识支配的。自我层是人性具有理性调节的层次，该层控制着人格的各个层次。个体人格特征的区别虽然在各个层面都会有体现，但只有“自我层”才是让他人能够清晰地感觉出来的层次。

六、斯金纳——学习理论

斯金纳经过长期研究，提出了著名的学习理论。学习理论主要包括操作性条件反射理论和强化理论两个层面。“操作性条件反射”是斯金纳学习理论的核心内容。斯金纳将行为分为两个层面：其一是应答行为，即被动产生的行为；其二是操作行为，即主动发起的行为。与此相对应，斯金纳将反射也分为应答反射和操作反射两种类型。斯金纳认为，人类的行为主要是由操作性反射构成的。斯金纳的研究认为，动物的行为是随着一个强大的刺激而发生的。斯金纳的研究与巴甫洛夫的研究有重要的区别，斯金纳的研究对象是骨骼肌的反应而不是唾液腺的反应，研究的重点不是大脑皮层的活动规律。斯金纳通过“各自实验”进行了长期研究。斯金纳认为“操作性反射”理论研究成果对于人类的学习行为具有重要的借鉴意义。人们为了达到某种结果，首先必须做出与这种预期结果相关的“操作性反应”，然后才能够得到预期结果，这种结果就是“操作性反应”的“报酬”。斯金纳在此基础上提出了强化理论。强化就是通过不断的刺激强化行为的过程。强化被区分为积极强化和消极强化两个层面。积极强化就是通过增加刺激物的刺激以强化某种行为，消极强化就是通过弱化刺激物的刺激以弱化某种行为。某种行为是对社会有益的，就可以对其进行积极强化，使其对社会形成更好的影响。如果某种行为是对社会有害的，就要对其进行消极强化，从而弱化其对社会造成的不良影响。强化理论不仅在心理学层面做出了重要贡献，而且在管理学方面也产生了重要影响。人们在强化理论的指导下，可以有意识地对组织成员行为产生影响，使得组织成员产生较强的凝聚力，朝向管理者预期的方向发展。

七、巴甫洛夫——条件反射理论

巴甫洛夫提出了非常著名的条件反射理论和信号学说。巴甫洛夫做了非常著名的实验。在每次给狗喂食物之前向狗发出一种信号，经过多次这样做之后，狗就会在信号与食物之间建立起某种联系。

后来发现，即使不喂食物而发出同样的信号的时候，狗同样会流出唾液。巴甫洛夫先后用摇铃、吹口哨、开灯等各种方式向狗发出喂食信号，都可以达到相同的效果。狗与这些信号之间本来不存在任何联系，关键的原因就在于信号与喂食之间建立起来了联系。狗在观察到这样的信号的时候，马上就能够联想起喂食，于是就能够分泌出唾液。分泌唾液是受大脑皮层支配的，这说明狗在分泌唾液这个问题上是受大脑皮层支配的。巴甫洛夫认为这就是条件反射。

巴甫洛夫认为条件反射的形成涉及“两个刺激”和“两个反应”。“两个刺激”就是“无条件刺激”和“条件刺激”；“两个反应”就是“无条件反应”和“条件反应”。“中性刺激”是在条件反射形成之前不能够引起任何预期的刺激。“无条件刺激”是在条件反射形成之前就能够形成的刺激，这是不需要学习的反应。与“无条件刺激”相对应的就是“无条件反射”，如狗在没有听到响铃之前，只要看到肉就会流唾液，狗只要见到肉就会流唾液是无需要学习的，狗发出这样的反射也很正常。“条件刺激”是需要经过学习养成的，在巴甫洛夫的实验中就是“响铃”。经过多次强化刺激，狗就会在与分泌唾液无关的铃声与肉之间建立起了联系，狗听到铃声的时候就会分泌唾液。响铃就是“条件刺激”，与这种条件刺激相联系，狗出现的反应就是“条件反应”。

八、艾宾浩斯——遗忘曲线理论

艾宾浩斯提出了遗忘曲线理论。艾宾浩斯在研究中让实验者记忆 100 个生单词，随后随着时间的延长考查此人回忆起单词的数量。经过实验发现，实验者记住单词的能力是这样分布的：开始的时候记忆达到 100%，20 分钟之后是 58.2%，1 小时之后是 44.2%，9 小时左右之后是 35.8%，1 天后是 33.7%，2 天后是 27.8%，8 天后是 25.4%，1 个月后是 21.1%。艾宾浩斯将这个研究结论制成曲线，这就是艾宾浩斯提出的著名的遗忘曲线。这个曲线的纵轴为“记忆保持率”，横轴为“延迟的天数”，曲线是从左上角向右下角凸向原点的曲线。最初，记忆保持率下降很快；随着时间的延长，“记忆保持率”下降速度很慢，如图 5-1 所示。艾宾浩斯对记忆问题进行定量分析，将“记忆”这种高级的心理活动过程的研究推进了一步。艾宾浩斯的研究结论具有重要意义。研究认为：有意义的材料比较容易记忆，而无意义的材料不容易记忆。艾宾浩斯在后继的深入研究中，又得出了不同材料的遗忘曲线。经过对比发现，这些遗忘曲线的形状是一致的。这样的研究结论对于指导人们用正确的方法进行学习是具有重要意义的。艾宾浩斯的研究结论告诉人们：勤奋学习和在理解的基础上进行记忆，不但记忆的速度快而且不容易忘记，这就是古人所说的：“学而时习之，不亦说乎？”只要掌握了学习的方法，就能够将枯燥的事情变得不枯燥。

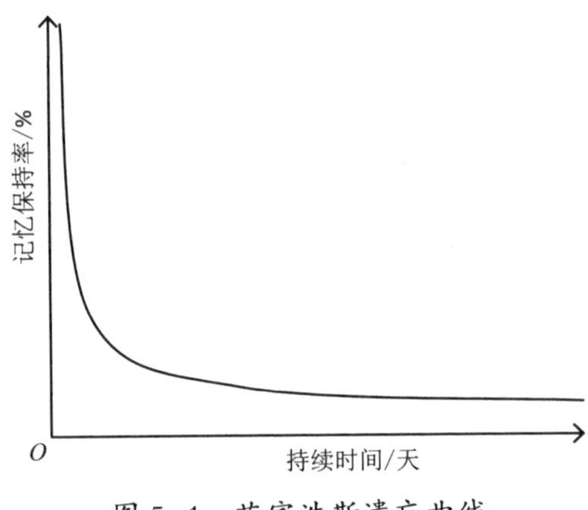

图 5-1　艾宾浩斯遗忘曲线

第六章
文化与消费行为

文化消费是与人类社会相伴随的。社会发展水平越高，人们的文化消费诉求就会越强。有时候很难说出文化是什么，但其确实就围绕在人们身边。文化通过人们的一言一行表现出来，体现在人们衣食住行用当中。过春节吃饺子，端午节吃粽子，送礼要用红色礼盒，这些都是文化。文化消费正在成为时尚，让商业行为与文化联袂，不但能够让文化得以更好地传承，而且能够让人们的生活变得更加多姿多彩。

导读

导入案例

小粽子：包进去的是糯米，吃出来的是文化

“小糯粽食品专卖有限公司”是小贺开办的一家以经营粽子为主业的食品公司。小贺在经营中突破了传统的思维方式，不但将粽子的个头变小，而且在粽子中加入了很多文化成分，消费者在吃粽子的同时，也将文化“咽”到了肚中。将文化内涵加入到食物中，这是做食品的最高境界。但是，文化只是食品的“衣裳”，只有食品本身的含金量足够高，才能够有足够多的卖点。

小贺为了练就做粽子的硬功夫，四处拜师学艺，先后到丽水、嘉兴、义乌等很多地方拜访多位常年做粽子且具有丰富经验的老师傅学艺，集百家之长后终于形成了自己的独特制粽技艺。在师傅的指导下，他改善了传统的煮粽子的汤料，改善了粽子的口感，将粽子从主食变成了零食，而且还在粽子的内涵上做文章。小贺在传统粽子的基础上使其产品形态等更加多样化，如在传统的粽子里面加上玫瑰花，赋予情人之间爱的含义，不但表达了恋人之间的感情，而且送出的礼物更加实惠。除了玫瑰粽外，小贺还开发出了老人粽、小孩粽等产品。老人粽在口感上下功夫，让老年人在享受粽子时能

够产生入口即化的感觉，这是购买老人粽的消费者对老年人的体贴。儿女为了表达对老人的孝敬之情，就会特意购买老人粽。不用吃粽子，当老人从礼盒的包装上看到“老人粽”3个字的时候就很欣慰了，因为这种粽子是专门为老年人定做的，与普通的粽子会有差别。这虽然只是一种食品，但食品中体现出儿女对老人的孝心。小孩粽是专门为小孩制作的，馅料更加丰富，在营养和口感上都要考虑到位。将小孩粽从众多的其他粽子中独立出来，这为小贺的粽子生意创造了新的卖点。小孩粽体现着父母对儿女的爱，小孩的嘴一张一合，将粽子咽到了肚中，也将父母的爱“咽”到了肚中。

除了以上提到的粽子外，小贺还推出了生日粽、开业粽、升学粽、养生粽等多种新内涵的产品。粽子本来就是一种文化食品，在小贺的精雕细琢下，粽子中包含的文化内涵就更加丰富了。

第一节　文化的含义与特点

一、文化的含义

从广义上讲，文化是人类所创造的一切物质财富和精神财富的总和。从狭义上讲，文化是人类精神活动所创造的成果。一个眼神、一个微笑都能够传达出浓浓的文化。不同区域、不同民族由于生活环境的差异，千百年来形成了属于自己的特色文化，这种文化特色通过人们的日常消费展现出来。人们在吃穿住用等各个方面都带有浓浓的文化影子。

二、文化的特点

（一）学习继承

文化不是一代人形成的，需要长时期的积淀。对于现代人而言，某种文化从哪天开始，人们并不关心，好像也无从考证，现代人只知道按照先人们的样子做就可以了。过春节吃饺子、端午节吃粽子及过生日吃长寿面，这些都是风俗习惯，也是地道的传统文化。风俗习惯原本是没有的，人们为了繁荣文化生活而逐渐有了各种各样的规定，后代人从前辈人那里继承下来了这些文化成分，并逐渐使其发扬光大起来。文化是一点一点慢慢发展起来的，经过世代传承，文化的积淀就会变得越来越深厚。

（二）动态变化

文化并不是形成之后就永远不变。文化虽然是历代传承下来的，但在这种传承中也是有变化的，文化正是在这种变化中不断发展着的。仍然以吃饭为例，以前，南方人喜欢吃米饭，北方人喜欢吃面食。但是，随着社会的发展，南米北面的局面现在已经被打破，南方人的日常生活中更多地开始食用面食，北方人也开始喜欢吃米饭了。

（三）群体行为

文化是通过群体行为表现出来的。个体是群体的一部分，个体只能接受既定文化，不能形成或者创造文化。某种文化的履行者的数量越多，文化力就会越强。文化是数量可观的个体表现出来的一种共同的行为倾向。端午节吃粽子，虽然大家不是聚集在一起吃粽子，场面也并不宏大，但由于各家各户都要吃粽子，这也是一种群体行为。这种群体行为并没有在任何行政命令的支使下进行，完全是人们的一种自发行为。还有诸如清明祭祖、中秋吃月饼、冬至吃饺子等都是传统中华文化。在这样的节日中，人们不约而同地做祖祖辈辈一直在做的事情，这是千百年以来大多数人必须要做的事情。每个人都对这种文化的传承做着贡献，同时每个人又都是这种文化的遵循者。

（四）社会养成

文化是千百年来传承下来的一种行为规则，在这种文化的影响下，人们都要遵循这种行为规则。过年的时候人家都吃饺子，唯独你家不吃饺子，人家就会认为你家很另类。同样，正月初一家家户户都贴春联，唯独你家不贴春联，人家也会感到你家很另类。文化无形中会对人们的行为构成一种约束，在规定的时间、地点，大家一定要做要求的事情。

（五）见诸无形

文化是一种氛围，很多时候是摸不着看不见的，但人们能够感受到。这种氛围虽然是无形的，但一定要通过有形的方式表现出来，只有这样，文化的氛围才能够被烘托出来。每种节日都有与其相联系的东西，人们记住了这些东西，也就记住了特定的节日。节日只是一个符号，人们是通过消费具体的产品来烘托浓浓的节日文化氛围的。文化在很大程度上就是“一只无形的手”，时时刻刻把握着人们的行动，左右着人们的心跳。

（六）民族差异

不同民族具有不同的文化，这是人们在长期的发展过程中形成的。既然各民族具有不同的文化，在消费方面也就会有很大的差异。商家要通过巧妙的市场调查方法，摸清不同区域、不同民族的消费特点，给消费者奉献上适合其胃口的商品，只有这样才能够打动消费者的心扉，让消费者喜在脸上、乐在心里。

（七）连续稳定

文化是在相当长的历史时期内形成的。不会昨天有今天无，也不会昨天无今天有。文化氛围一旦形成就具有相对稳定性，人们会在这种文化氛围下持续地生活，人们又会通过自己的行动不断丰富着这种文化。文化是从前辈们那里继承下来的，现代人是这种文化的实践者，又将变成未来人的前辈，用自己的行动对后辈们产生影响，所以文化具有连续稳定性。商家也会从文化的这种稳定性中适时地把握住商机，将文化的内涵融入商品中。

（八）超乎自然

有些人将文化看作一个具体的东西，这当然有一定道理，但这种认识不算全对。以茶道为例，文化就融在小小的一杯茶中，但茶道文化并不仅仅就是这一小杯茶本身。品茶道不是为了喝茶，要细细品、慢慢闻、好好看。茶道馆中，饮者坐在服务员面前，看着那些繁而不乱的动作，听着那些非常专业的品茶的道理，从茶道中能够悟出哲学道理。人们在那里品茶，实际上不是在喝茶，而是在喝一种感觉，随着丝丝清茶流入自己的心田，茶文化也融入了自己的灵魂中了。有了文化，人们的生活才变得丰富多彩。文化是超乎自然的东西，是具体的东西也不是具体的东西。

第二节　文化价值观演变与消费

一、消费者的文化价值观

文化价值观是在一定的历史时期内、一定社会群体普遍认同的在社会上占主导地位的价值观念。在不同的时代背景下，人们的生活状况不同，思考问题的出发点也就会有较大的差别。在同一时代背景下，人们由于生活在不同的群体中，也会具有不同的价值观念，“人以群分、物以类聚”说的就是这个道理。

文化价值观是人们对一种文化的认同感，随着生活阅历的不断增加，人们对某些问题的看法也逐渐会改变。人们年轻的时候认识问题，可能大多时候是从表面看，随着年龄的增长，对问题的认识会逐渐变得很深入，这就是人们常说的“姜还是老的辣”。

一个人的价值观是多层面的，总体上看来可以区分为核心价值观和次要价值观，核心价值观是居于主导地位的价值观，在人的价值观中处于支配地位，具有相对稳定性。次要价值观则处于从属地位，是为核心价值观服务的。核心价值观对于人的行为起主导作用。价值观的不同、价值观的变化对人的消费行为会产生这样或者那样的影响，这在为商家提出了难题的同时，也提供了赚钱机会。商家只要认真分析消费者，对其价值观进行准确把握，就能够让自己的“商品供给”与消费者的“商品需求”达成共识。

二、消费者的文化价值观演变

（一）数量→质量

人们的消费观念随着社会的变化而变化。在生活条件较差的时候，人们会过多地追求数量；随着生活条件变好，人们的选择余地也逐渐大了，开始将目光从数量移到质量上来了。人们在吃穿住用等各个方面都开始有新变化。在吃方面，不再单纯以吃饱为标准，而是要追求营养和健康，通过吃达到健美、养生的目的。在穿方面，遮风挡雨已经不再是唯一的目标，人们要通过穿展示出性格、打扮出美丽，人们在穿方面有更多的花色和款式可以选择。在行方面，交通工具开始步入了快车道，私家车在步入家庭后，维修、驾驶培训等相关行业也逐渐蓬勃发展起来了。人们的生活在由追求数量变化到追求质量后，新的消费热点开始形成。消费热点由数量转向质量，对商家的要求开始提升。商家需要不断出新出彩，用商品的新品质、新功能打动消费者。商家要注意消费者的多元化诉求，只要商家的商品能够让消费者心动，该商品就能够做到“万绿丛中一点红”。

（二）形式→内容

人们的消费开始由注重形式转变为注重内容。市场经济给人们提供了多种选择，在商品逐渐变多的情况下，人们喜欢尝试消费各种东西。以圆珠笔为例，最初买到的圆珠笔，一支圆珠笔只有一种颜色，后来可以买到有两种甚至多种颜色的圆珠笔。人们原先购买圆珠笔只是注意颜色的种类，现在不但要注意这些，而且要体察圆珠笔的手感，圆珠笔芯是否好用，这些方面都是商品品质层面的东西，较最初对圆珠笔芯的认识更深了一步。

（三）大众→个性

原先，人们在消费的时候讲究“随大流”。现在已经完全不一样了，尤其是在穿这件事情上，消费者一定要通过穿展现自己的风格，个性化消费逐渐成为时尚。人们的穿着越来越花哨，款式、颜色都逐渐丰富了起来。消费者越过了大众化的阈限，开始通过消费张扬个性。

（四）盲从→理性

原先，人们的生活选择比较单一，人们的思维方式也比较简单，在做事情的时候一般都是别人做什么自己也就做什么。别人感觉好的东西，自己也会跟着说不错。人们在想问题办事情的时候不会有更多的思考，人们的消费方式比较相似。随着社会经济条件的变化，人们的消费方式开始向多元化方向发展，对别人说的话开始多了一些思考，在消费问题上开始由最初的盲从开始变得理性。消费者开始注重学习，在选择消费品问题上开始认识到“只有适合自己的才是最好的，价格高不一定好”的道理。

（五）节俭→享受

生活条件不好的时候，人们在生活上要节衣缩食，“节俭”不仅是美德也是必须，人们在生活上要精打细算。现在，人们的生活条件发生了很大改变，手头能够支配的“资源”开始多了起来，消费观念也开始发生变化，“节俭”开始转变为“享受”。当然，“享受”并不意味着“奢华”。人们可以按照自己的消费愿望买东西，买些自己喜欢的、力所能及的东西。人们的消费方向、消费结构都在不同程度地发生着变化。

（六）内敛→开放

“矜持”“含蓄”“内敛”等逐渐被现代商业冲击得越来越淡，现代人变得倾向于外向，有人说这与高速发展的现代社会是息息相关的。社会发展的节奏越快，人们之间进行交往的要求就会越高，人们接触的信息就会越多，思维就会越发活跃。“开放”会让人们有更多的机会，社会大环境逐渐改变着人们的性情。“开放”让人们尽情展露自己，也为商家提供了更多的赚钱渠道。

（七）互信→怀疑

以前，人们购买商品的时候，消费者一般很少猜疑商家。所有商家都在竭尽全力做事，消费者在购买商品的时候，就无须挑三拣四，随便选出一个肯定是没有问题的，消费者也不会对商品的品质有所怀疑。现在，由于一些商家在商品的品质上经常给消费者“下套”，消费者于是对商品的品质产生了怀疑。

（八）等待→争取

传统思维方式下，人们习惯于等待，人们对未来充满期盼。但是，等待的过程很漫长，消费者有“等你等到我心焦”的感觉。现在，消费者会向商家提出自己的消费愿望，通过量身定做让商家为自己提供心仪的商品。“主动争取”相对于“沉默等待”，让消费者的生活更加方便。消费者“主动争取”在很大程度上能够为商家指点迷津，让商品的“供”与“求”之间实现无缝对接。

第七章
社会阶层与消费行为

每个消费者都具有自己的“生态位”，消费者行为是与这个“生态位”相一致的。社会阶层理论就是着手分析这个“生态位”的。不同社会阶层的人在消费方式上有很大差别，人们要通过消费显示自己的不同。社会阶层的特征主要表现在：展示地位、多因促成、连续分布、层级明显、成员同质。影响社会阶层形成的因素是多样的，主要涉及教育程度、职业差别、收入状况等。人们要改变自己所处的社会阶层，就需要不断努力，改变教育状况，让自己从事更好的职业。处于不同社会阶层的人，视野面不同、结交人群不同，社会地位差别会很大。商家只有推出面向各个社会阶层的产品，让消费者有能力接受自己的产品，生意才会更加兴隆。

导读

导入案例

派克钢笔决策失误导致自身陨落

派克钢笔公司原来坐落在美国的威斯康星州，这是一个名叫乔治·派克的教师创建的。乔治在正常教学之余以推销钢笔赚得收入，但卖出去的钢笔经常会因质量问题而被退回。乔治于是对钢笔的制作工艺产生了兴趣，并开始致力于研究钢笔的制作。经过不断学习，乔治从钢笔的门外汉变成了行家里手。乔治不断对钢笔的生产工艺进行完善，在多年积累的基础上，终于能够拥有自己的钢笔生产工厂了。改进后的钢笔得到了消费者的认可，在20世纪20年代的时候，派克钢笔已经成为美国最大的制笔公司了。派克钢笔不断发展，不但赢得了美国人的认可，也赢得了全世界消费者的认可。派克钢笔是世界知名品牌，拿着这样一支笔写字是身份的象征。但是，这样一个响当当的品牌从20世纪80年代以来也陷入了亏损的泥潭。业内人士分析认为，派克钢笔出现这种局面的原因在于产品销售的社会阶层定位出现偏差，即由原来以生产优质高档笔为宗旨转而生产低档笔，派克公司的这一招导致品牌形象受到严重损失。1986年2月，派克公司的书写分部被一家英国公司收购。曾经顶着商业巨头皇冠的派克钢笔沦落到被人收购的境地，这其中的原因不得不让人深思。

派克钢笔在广告中这样说：我们的笔能够书写任何文字。这样简短而富有号召力的广告显然是在向世人昭示：派克钢笔是你的最佳选择。有关资料显示，派克钢笔的总收入的8成都是来自国外。原先，派克钢笔与其他笔不同的是：始终坚持高质量、高价格的标准。派克钢笔在市场出售的钢笔支支都是好钢笔，派克坚持“质量不好的钢笔不能走向市场”。也正是因为钢笔的质量有足够的保障，派克钢笔的定价也是非常高的。派克的“高定价”策略的目的在于：这样的高档产品与身份和荣誉是联系在一起的。人们都以拥有派克钢笔而自豪。

当圆珠笔在市场上与钢笔分羹的时候，派克没有盲目跟风。经过潜心研究，派克终于生产出了“宙特”圆珠笔，这种圆珠笔相对于普通圆珠笔而言有很多不同之处：笔芯超大，旋转角度大，保证墨水均匀流出。这样就在最大程度上保证了连续写作时间和书写的流畅程度。“宙特”上市后立刻就征服了亿万消费者。派克的圆珠笔虽然价格较普通圆珠笔的价格高出两倍多，但人们还是对这种圆珠笔送来了“秋波”。无论是钢笔还是圆珠笔，派克在生意场上都是所向披靡，为消费者提供了高含金量的产品，派克也从消费者那里赚到了不菲的真金白银。

只要有利润存在，新的竞争者就会加入。进入20世纪80年代以后，很多同行开始不断开发新产品，款式新、价格低的产品开始涌入美国市场。这些凶悍的竞争者不断将派克钢笔原本持有的市场份额蚕食。有些竞争者也开始处心积虑地进驻钢笔消费的高端市场。在竞争对手这种强烈进攻局势下，当时的派克公司总经理詹姆斯·彼特森决定：将公司的主打产品定位在3美元以下，与同行争夺低端笔市场。詹姆斯的这个决定就意味着放弃原有派克钢笔一直秉承的“高质量、高品位、高价格”宗旨。在这个决策定下来后，派克马上将主要的生产线转为生产 3 美元以下的笔。派克在生产了一种叫作“维克特”的价格为 2.98 美元的圆珠笔后，还雄心勃勃地准备生产其他类似产品。但是，产品刚刚上市就遇到了闭门羹。派克钢笔的很多忠诚消费者在见到派克钢笔的这种经营阵势后，感觉派克钢笔根本不能再作为身份的象征，没有人再度垂青派克钢笔了。派克品牌的形象大打折扣。派克进驻低端消费市场但没有达到预期的效果，这是始料未及的。不但没有赚到钱，而且将自己的身家也全部贴了进去。派克变身为失败的典型。

派克钢笔从起初明确地服务高端市场到这次在服务阶层这个问题上没有坚持原则，说明派克钢笔在消费者社会阶层这个问题上还是模糊的。本来处于绝对优势的高端市场拱手相让给竞争对手了。有位专家说过这样一句话：品牌就像一个橡皮筋，抻得越长就会越疲弱，这句话在派克钢笔这里应验了。商家要做到“通吃”很不容易，尤其是派克这种形象非常鲜明的产品，在吃高端市场、服务较高社会阶层的同时，又想占有低端市场。在没有把握占领低端市场的同时，高端市场却飞快地让渡了，结果是“竹篮打水一场空”。

第一节　社会阶层含义及其特征

一、社会阶层含义

社会阶层是社会地位相同或者相似的成员所形成的社会集团。每个人在社会中都有自己的“生态位”，在每个生态位上的不同个体就会形成相应的社会阶层。处于相同社会阶层的人的行为嗜好、收入水平、消费状况等都会有较大的相似性。人们在消费上会向相应的社会阶层看齐，同一社会阶层的消费者个体之间会产生相互影响。消费者通过个人努力能够使自己的社会地位发生变化，从较低的社会阶层跃迁到较高的社会阶层。在消费阶层发生跃迁后，消费行为就会向较高的社会阶层看齐。消费者所处的社会阶层与其从事的职业也有较大的关系，职业不同收入状况不同，人们的兴趣爱好也会受到影响，人们的消费内容、消费结构等也就存在较大的差异。

二、社会阶层的特征

不同社会阶层的消费者关注点有较大差异，人们在消费层次、消费内容等方面都表现出不同的倾向。商家密切关注社会阶层的特征，在推出产品的时候就能够做到对症下药。相同使用价值的产品要分出不同的层次，让不同社会阶层的消费者都能够找到自己的“最爱”。

（一）展示地位

社会阶层有高有底，较高的社会阶层一定要通过消费展示自己的社会地位，在吃穿住用行等各个方面都能够彰显出自己的身份。不同时代的人们用来展示地位的方式也是有差别的，“旧时王谢堂前燕，飞入寻常百姓家”，昔日用来彰显高贵生活品位的消费品，在人们的生活水平普遍得到提高之后，彰显地位的消费方式就会升级换代。在这样的变化中，每个时代的标志性消费起初的时候都是少数人的“特权”，随着社会不断发展，这些少数人的“特权”逐渐变为了多数人的消费。曾经少数人的消费品得以大众化后，这些曾经象征身份的消费品就不能再与身份联系在一起了。

（二）多因促成

社会阶层是多种因素共同促成的，其中既包括经济的因素，也包括职业等各种因素。收入水平较高的人自然就跻身较高的社会阶层。职业是造成收入差别的重要因素，从事不同的职业，收入水平会有较大的差别。人们从事的职业不同，对生活的追求也会有差异，消费的侧重点也会有所不同。社会阶层是在多种因素下促成的，认识社会阶层也需要从多个角度进行，只有这样才能够得出科学的结论。

（三）连续分布

全体社会成员被划分为不同的社会阶层，不同社会阶层的成员加在一起就是全体社会成员，不会存在某些社会成员被圈在所有社会阶层之外的问题，即某一社会成员肯定处于某一社会阶层。社会阶层由低到高或者由高到低组成一个连续的阶梯，不同的社会成员处于这个社会阶梯的不同位置。图 7-1 中将消费者分为上层、中层、下层等 3 个层次，每个层次又被区分为上、下两层，各个层次是连续分布的，所有的层次由下向上构成了一个阶梯。不同的社会群体根据自己的收入状况在这个阶梯上可以找到自己的位置。图 7–1 中的大箭头表示低层次的个体可以通过努力跃迁到较高的层次。某个个体可以通过自身的努力，使自己的状况得到改变，自己的收入水平、消费偏好、关注视角等也会发生相应的变化。社会阶层并非固定不变，人们可以通过努力使自身的状况得到改变，低阶层的成员可以跃迁到较高的阶层；较高阶层的社会成员也会由于各种因素使自身的社会层级降低，由较高的社会层次降低到较低的社会层次。经济状况是决定人们处于某个社会阶层的最重要因素。不同层次的社会成员由于经济支付能力不同，从而在消费档次以及消费内容等诸多方面都会有较大差异，在消费偏好等方面就会有倾向性。不同社会层次的社会成员的收入状态与消费水平之间是对称的，并且可以在很大程度上向后代延续。所以，后代人的社会层次会在很大程度上受到前一代人的影响。

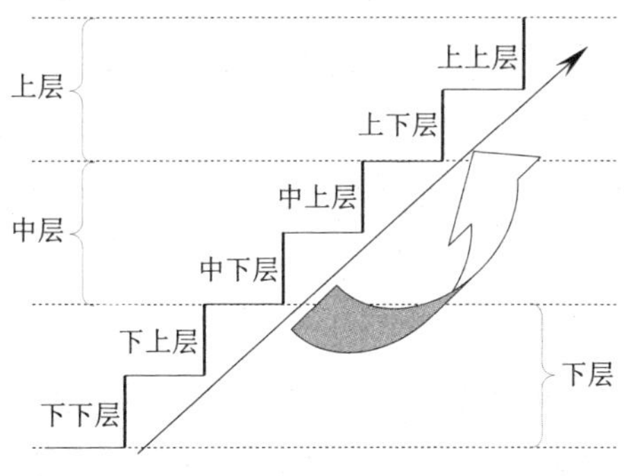

图 7–1　社会阶层连续分布

（四）层级明显

不同层级的社会成员之间的差别是很明显的。表 7–1 列出了美国的社会阶层状况，表 7–1 中将美国分成了 7 个层次，从最高层到最低层，各层社会成员的行为分化非常明显。但是，从表 7-1 中可以看到，越是经济条件好的阶层，对慈善事业的贡献相对较大。“上下阶层”的社会成员较“上上阶层”的社会成员反而更倾向于摆阔气和挥霍浪费。各层级的社会成员之间的分化是非常明显的。

表 7-1　美国的社会阶层

社会分层	收入状况	心理特点	消费热点
上上阶层（1%左右）	出身显赫，遗产甚丰，以巨款做慈善	不喜欢炫耀自己	珠宝、古玩、住宅、度假
上下阶层（2%左右）	拥有高薪、财产较多，热心公共事业	摆阔气、挥霍浪费	住宅、旅游、汽车
中上阶层（12%左右）	财产不丰厚，有公德心，参与社会组织	关心职业前途	住宅、衣服、家具、家电
中间阶层（32%左右）	收入中等，属于白领或者蓝领工人	看重时尚、追求品牌	“赶潮流”、追求品牌
劳动阶层（38%左右）	中等收入，依靠亲友道义上的援助	明显的性别分工	标准型号或大型号汽车
下上阶层（9%左右）	工作与财富无缘，生活在贫困线上	时刻追求较高阶层	在生活上非常节俭
下下阶层（7%左右）	贫穷不堪，从事“最肮脏的工作”	对寻找工作不感兴趣	生活条件很差

注：本表摘于机械工业出版社 2003 年出版的《市场营销学》一书。

（五）成员同质

“人以群分、物以类聚”，处于同一社会阶层的社会群体具有相似的收入状况、消费方式、兴趣爱好、交往人群等。这些社会成员由于基本上都有相同的社会背景，成员之间在彼此交往过程中相互影响，大家的行为模式、思维方式等逐渐趋同。相同社会阶层的群体关注的话题基本相同，甚至是穿衣戴帽都基本上是一样的。社会成员在由一个社会阶层跳跃到另外一个社会阶层后，结交的人群和待人接物的方式也会发生变化，融入不同的社会阶层后就要用该社会阶层相同的语言、行为方式等约束自己，否则，就没有办法成为这个群体中的一个成员。

第二节　社会阶层划分的影响因素

社会阶层的划分是一个非常复杂的问题，人们习惯上通过受教育程度、职业差别、收入状况等因素对社会阶层进行划分。

一、教育程度

人们接受教育的程度不同，综合素质就会有很大差别，人生的发展轨迹和社会地位就会有显著差别。人们从入幼儿园开始，到小学、中学、大学、研究生，受教育程度越来越高，综合素质也在发生变化，专业技术水平也在不断提高。专门化训练让人们从一个门外汉变成了一个行家里手，从事的工作也会更加专业化。接受不同教育程度的人对事物的认识程度就会有差别，待人接物的风格也会有很大差别。一般而言，随着受教育程度不断提高，人们关注的重点、思维问题的方式也会发生变化，对社会的责任感也会逐渐增强。受教育程度不同，人们的视野开阔程度就会有差别，这就导致人们看问题时站的高度有差异。虽然也存在一些特例，但受教育程度是影响社会阶层划分的一个非常重要的因素。一般认为，一个人受教育程度越高，所处的社会阶层也就会越高。

二、职业差别

人们从事的职业不同，对事物的关注点就会有差异。有这样一个笑话。一个医生请朋友吃饭，桌上摆满了各式各样的美食，有口条、猪耳等各种肉食。医生给朋友介绍说：口条很好吃的，口条就是猪的舌头。从医学的角度讲，口条不仅具有辨别味道、搅拌食物和帮助发声的作用，而且在遇到好吃的东西的时候会流口水的。医生进一步解释：猪的口条与人的口条没有什么差别，人有时也会流口水的！说着就将自己的舌头伸出来给朋友看。朋友看见医生这样“热情”地给自己介绍菜，真是难以接受这种具有“专业味道”的热情，没过一会儿，朋友就“逃之夭夭”了。在普通人眼中，“口条”只是一种食物而已；但在医生眼中，口条不仅是食物，还是一个非常重要的器官。由于职业不同，人们对同一事物的看法是有很大差别的。医生与医生之间在谈话的时候，就连开玩笑的话都有可能是一些医学专业术语。相同职业的人具有共同语言，彼此沟通就会容易很多，在谈话过程中就会有相同的话题。道不同不相为谋，只有志同才能够道合。人们在与他人交往时，无形中就将自己放入了某个圈子中。当一个人从事某个职业后，在他人眼中这个人具有与从事这个职业的其他个体相同的特征。

三、收入状况

按照收入状况对人群进行划分，这是比较容易理解的。吃饭穿衣量家当，人们的消费状况与人们的收入水平是对称的。人们收入状况不同，所处的社会阶层就会有差别。人们由于不同的收入状况而被划分在了不同的社会阶层，也因为处于不同的社会阶层而具有了不同的收入状况，二者之间是相互影响的。当人们的收入状况在消费方式上表现出来后，收入水平才能对人的社会层次提供支撑，个人（而不是社会）收入水平的变化可以让该个体从一个社会阶层跃迁到另外的社会阶层。所以，只有相对收入状况的变化对于社会阶层的改变才具有实质意义。

第三节　不同社会阶层的行为方式

不同社会阶层由于收入状态、兴趣爱好、关注内容、思维基础等有很大的差异，所以在消费方式方面也会有差异。关注不同社会阶层的消费方式，对于商家瞄准目标市场成功营销产品具有非常重要的意义。准确把握每一个社会阶层的情况，商家在经营产品的时候就能够做到“弹无虚发”，较高的“命中率”就意味着能够为商家节省更多的成本，商家的获利程度就会相应增加。

一、消费支出

不同社会阶层的消费者在支出水平、支出结构层面有很大差异。表 7-2 表示了高、低两个不同社会阶层在支出方面的差别。由于高社会阶层的社会收入水平较高，并且对生活质量的要求也较高，所以在支出上面为了达到“满意”的效果，不会在乎花钱多少。高社会阶层在花费层面已经远远超越了基本生活需求。在日常消费中，将主要的支出用于生活质量提高。在总的花费中投资性支出占比相对较大。在教育、个人兴趣等方面的支出相对较高。相比之下，处于低社会阶层的消费者，将主要的支出放在基本生活消费方面。在支出方面，两个社会阶层形成了鲜明对比。

表 7–2　　不同社会阶层的支出行为比较

	高社会阶层	低社会阶层
奢侈性物品	习惯性购买	没有支付能力
新产品	非常关注	偶尔关注
投资支出	相对较大	相对较小
家庭教育	相对较大	相对较小
高档会所	经常	几乎没有
价格关注度	不敏感	敏感
单笔开支	大	小
讨价还价	很少	经常
花钱风格	大手大脚	谨慎
支出方向	前卫时尚	保守、大众化

二、消遣休闲

随着人们生活水平的提高，休闲已经逐渐成了人们生活中的一部分。人们需要听音乐、看电影、吃零食、赏美景、闻花香。在休闲方面的花费越高，就标志着生活质量越高，这可以用恩格尔指数表示，即在人们全部花费中，基本花费所占的比重越高，就说明生活质量越低。不同社会阶层成员在休闲上的投入是有差别的。一般而言，社会阶层越高，在休闲上面花费的时间、金钱相对较多。社会阶层高的人群的收入相对较高，并且有相对较多的时间修身养性。社会阶层低的人群在休闲方面的要求较少。由于整天为基本生活而奔波，社会阶层低的群体没有更多的时间考虑休闲问题。在这些人看来，休闲就是浪费时间，没有那么多闲情逸致休闲。休闲不但需要时间，还需要有足够的心情和足够的经济做支撑。

三、居家购物

不同社会阶层由于收入状况存在差异，在购物方面也会做出不同的选择。处于高社会阶层的消费者在购物方面的支出较高，在购物过程中也比较在意产品的质量、品牌、价格等问题。高社会阶层的消费者看重的不仅是产品的使用价值，还非常在意产品的附加价值。在低社会阶层的消费者看来，这些都是无关紧要的东西，高社会阶层的消费者却是非常在意的。表 7–3 列出了高、低两个社会阶层在诸多层面的差别。高社会阶层的消费者非常在意品牌知名度，对购物环境的要求也是非常高的，不在乎花重金购买耐用消费品，喜欢在奢侈品方面进行投资，在购物过程中比较在意获得产品的便捷程度。低社会阶层的消费者与高社会阶层的关注度有较大差别，在购物过程中比较在意产品的实用性、产品的价格，对产品是否有折扣也是非常敏感的。收入状态的差异和兴趣爱好的不同使得不同社会阶层的消费者在购物层面的关注点有较大差别，这一点为商家选择正确的方法营销产品提供了思路。

表 7–3　　不同社会阶层的购物行为比较

	高社会阶层	低社会阶层
品牌知名度	★★★★★★★★★★	★★★
购物环境要求	★★★★★★★★★★	★★★
产品价格	★★★	★★★★★★★★★★
耐用消费品	★★★★★★★★★★	★★★★
奢侈品	★★★★★★★★★★	★★
产品实用性	★★★★★	★★★★★★★★★
包装形式	★★★★★★★	★★★
折扣关注度	★	★★★★★★★★★★
自信程度	★★★★★★★★★★	★★★
单独购物	★★★★★★★★★★	★★★
便捷程度	★★★★★★★★★★	★★

四、人际交往

处于不同社会阶层的人的交往面是有很大差异的。每个社会阶层的人一般都主要与同层的人进行交往，跨越多个阶层交往的情况很少发生，图 7-2 表示了不同社会阶层之间的交往情况，图中用箭头辅以不同的符号表示不同阶层之间交往的可能情况，√表示正常交往，× 表示不正常交往，≈表示存在交往可能性。相同社会阶层的人之间在彼此交往中有共同的关注的话题和共同语言，彼此在交往中不会存在心理障碍。从图 7-2 中表示的情况可以看出，在社会阶层交往过程中，正常情况是同层内部交往和低层向高层的交往。这种交往方式会保证主动发起交往的人从交往中得到更多的收益，让自己有可能从较低的社会阶层跃升到较高的社会阶层。但是，较高社会阶层向较低社会阶层主动发起交往行动的可能性非常低，因为这样的交往不会使得较高的社会阶层从交往中获益。所以，从这个层面看，处于不同社会阶层的人们之间进行交往的过程中，也存在边际收益与边际成本之间的比较。只有当边际成本低于边际收益并存在规模收益递增结果的时候，才会出现交往的可能。

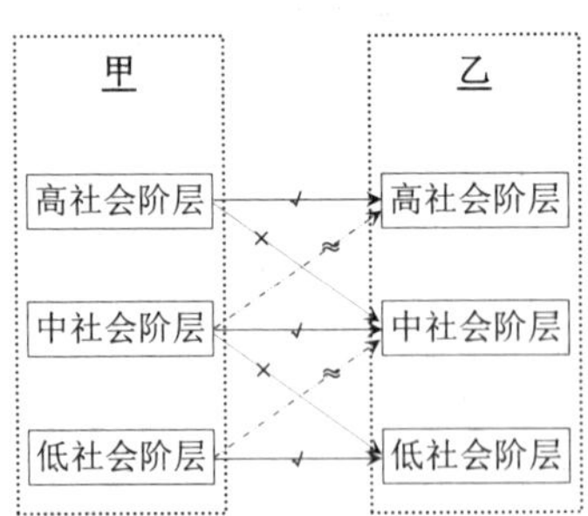

图 7-2 不同社会阶层的交际网络

五、未来发展

不同社会阶层的行为方式是具有“遗传”性的。处于较低社会阶层的父代，只有通过付出更多才能够改换门庭，让子代从较低的社会阶层跃迁到较高的社会阶层。父代由于处于较低的社会阶层，其生活方式、知识水平、交际圈层、经济能力等各个方面都受到很大限制。从这样的状态中挣脱出来，就相当于为自己设定目标并超越自己，这样的目标得以实现是比较困难的。所以，从某种程度上看，父代为子代奠定的条件就决定了子代未来的发展方向。子代超越父代所处的社会阶层，不但需要借助父辈奠定的基础，而且需要自己付出更大的努力。在信息社会中，人们虽然在不同社会阶层之间穿越是非常困难的，但通过接受各种信息，人们可以对不同社会阶层有较深刻的了解，较高社会阶层的生活方式无形中就会对较低社会阶层形成较大的诱惑。处于较低社会阶层的成员从所处的社会阶层中挣脱出来的动力就会更强。从这个逻辑看，只有较少部分的低社会阶层的成员能够跃迁到较高层级，大部分社会成员会在原有的社会层级内存续。不同社会成员之间相互转换的情况可以用转移矩阵（见表 7-4）表示。表 7-4 中用▨、■、▒等 3 种背景图案分别表示停留在本层内部、转移到较低层次和转移到较高层次等 3 种不同的情况，概率在表中的分布情况就决定了在下一个周期内各阶层的状况。假如，第 t 期各阶层的人数分别为 P_1、P_2、P_3、P_4、P_5、P_6、P_7、P_8、P_9，则第 $t+1$ 期“高上层”的人数为 $C_{11}P_1+C_{21}P_2+C_{31}P_3+C_{41}P_4+C_{51}P_5+C_{61}P_6+C_{71}P_7+C_{81}P_8+C_{91}P_9$，第 $t+1$ 期“高中层”的人数为 $C_{12}P_1+C_{22}P_2+C_{32}P_3+C_{42}P_4+C_{52}P_5+C_{62}P_6+C_{72}P_7+C_{82}P_8+C_{92}P_9$，以此类推，可以求出“高下层”“中上层”……按照这样的方法，可以计算出若干期后各社会阶层的人员数量。转移矩阵只是一个经验矩阵，依托转移矩阵对各阶层社会成员的发展情况可以做出一个大体估计。转移矩阵不是固定不变的，在社会经济发展状况发生变化之后，转移矩阵也会发生变化。所以，转移矩阵中的数据应该随着社会发展而不断做出调整，只有这样才能够比较准确地估算出个社会阶层人员数量的发展变化，为社会阶层的变迁提供理论支撑。

表 7–4　　阶层成员转换矩阵

	高上层	高中层	高下层	中上层	中中层	中下层	下上层	下中层	下下层
高上层	C_{11}	C_{12}	C_{13}	C_{14}	C_{15}	C_{16}	C_{17}	C_{18}	C_{19}
高中层	C_{21}	C_{22}	C_{23}	C_{24}	C_{25}	C_{26}	C_{27}	C_{28}	C_{29}
高下层	C_{31}	C_{32}	C_{33}	C_{34}	C_{35}	C_{36}	C_{37}	C_{38}	C_{39}
中上层	C_{41}	C_{42}	C_{43}	C_{44}	C_{45}	C_{4}	C_{47}	C_{48}	C_{49}
中中层	C_{51}	C_{52}	C_{53}	C_{54}	C_{55}	C_{56}	C_{57}	C_{58}	C_{59}
中下层	C_{61}	C_{62}	C_{63}	C_{64}	C_{65}	C_{66}	C_{67}	C_{68}	C_{69}
下上层	C_{71}	C_{72}	C_{73}	C_{74}	C_{75}	C_{76}	C_{77}	C_{78}	C_{79}
下中层	C_{81}	C_{82}	C_{83}	C_{84}	C_{85}	C_{86}	C_{87}	C_{88}	C_{89}
下下层	C_{91}	C_{92}	C_{93}	C_{94}	C_{95}	C_{96}	C_{97}	C_{98}	C_{99}

第四节　社会阶层与营销策略

一、营销组合“四步走”

不同社会阶层的消费者对市场具有不同的关注点，在同一种产品面前，视角也会有很大差别。所以，不同社会阶层的消费者具有不同的消费偏好。只有清楚地区分消费者所处的社会阶层，并且针对具体消费阶层推出相应的营销策略，商家才能将产品“嫁出去”。一般认为针对不同社会阶层的营销策略，在制订过程中需要坚持如下 4 个步骤：第一步是明确消费者地位，这是将消费者划分为合适的社会阶层的基础，商家在营销产品的时候也会对症下药；第二步是确定目标市场，商家不是盲目生产产品的，产品在生产之初就应该将目标群体锁定；第三步是合理产品定位，在前两步都明确之后，商家就要针对具体社会阶层的消费人群生产产品了，同一品牌的产品也要以不同的档次表现出来，这样就可以让不同社会阶层的消费者都有可能消费该产品；第四步是确定营销组合策略，前面的工作为这一步奠定了很好的基础，这一步的主要任务就是在定价以及分销等方面做文章。“好酒也怕巷子深”，商家为了突出自己的产品，就要强化营销策略，让消费者对自己的产品增加印象。通过组合营销措施对消费者展开“地毯式轰炸”，就会让消费者脑海中满是自己的产品。

二、不同社会阶层的营销策略

不同社会阶层的消费者既然消费的侧重点有很大差异，商家就需要采用营销组合方式，让尽量多的消费者成为自己的“网中之鱼”。商家有好的产品，也需要有好的营销策略，要很好地洞悉消费者所思所想。商家在营销产品的过程中，对不同社会阶层的消费者要配置不同的“菜肴”：对于高层消费者，要在产品的时尚程度、款式风格、质地内涵等方面做文章，对于中下层消费者要在产品定价、耐用程度、实惠程度等方面做文章。针对不同消费阶层推出相适应的营销策略，就是“到什么山上唱什么歌”。

第八章
社会群体与消费行为

社会群体的个体之间由于产生较为紧密的联系，从而相互会产生较大的影响。一般而言，社会群体具有如下几方面的特征：个体之间联系紧密、群体追求目标相同、行为规范比较明确、行为方式基本一致、个体之间相互感染。人们会按照各种方式形成不同的社会群体，包括友谊群体、癖好群体、利益群体、信仰群体、职业群体、年龄群体、家族群体等。既然社会群体的各个个体之间能够产生较为强烈的感染，商家在经营过程中就要注意到社会群体的重要作用。社会群体既包括正式群体，也包括非正式群体，充分利用好非正式群体的重要作用，能够强化产品的影响力。

导读

导入案例

辅导班，商家的热情与消费者的无奈

寒暑假到来之前，学校的门口会聚来很多辅导学校的招生工作人员，各种各样的招生广告以及送到家长手中的购物袋，让家长在热情洋溢的辅导学校的工作人员面前很难说“不”。这些辅导学校会通过各种方式得知家长的电话，只要家长没有明确拒绝，辅导学校就会接二连三地打电话，希望家长能够同意学生享受学校的优质服务。

王飞今年就要升高一了，升学考试刚刚考完，王飞的妈妈就接到了多个辅导学校打来的电话，工作人员告诉她在本周五有公开课，请她前去试听，如果觉得教授授课效果不错，就可以定下来参加这个“先学班”了。由于王飞在初中学习时成绩中等，妈妈非常着急，希望抓住高中三年的时间，给王飞在课外增加些“营养”，学习成绩有较大突破。王飞家收入并不高，但妈妈还是要在这个暑假中拿出些积蓄为孩子补课。

周五这天，王飞和妈妈很早就来到辅导学校。到了辅导学校后，发现已经有很多家长在等待了。家长们聚在一起开始讨论有关孩子学习的问题，家长们的心情是一致的：急。希望选择一个负责任的辅导学校让孩子的成绩突飞猛进。辅导学校的老师将王飞与其他同学首先安排在试讲教室，然后开始给家长们介绍“先学班”的师资配备以及授课安排等方面的事情，在场的家长都细心聆听。辅导学校的老师说，由于试讲教室空间有限，不能让所有家长都到教室中听讲，需要选几名家长代表听课。试讲的时间到了，还没等到教师选家长代表，王飞的妈妈就率先进入了试讲教室中，在教室的后排坐下听课。听讲的学生有几十名，两个小时的试讲很快就结束了。王飞的妈妈对教师报以肯定态度，已经下定决心让王飞参加这个辅导班了。

人们的生活水平提高了，消费的方向已经从温饱转向个人发展方面，教育成为消费者的重要投资方向。家长都希望自己的孩子表现更为出色，具有一定经济能力并对孩子有较高期望的家长就成了教育消费群体的主要成员。专家认为，课外辅导班是一种市场行为，只要应试教育问题不能从根本上得到解决，课外辅导行为就会愈演愈烈。家长虽然会质疑辅导学校的教学质量，但还是要将孩子送到辅导学校补课，辅导学校的热情与家长的无奈形成了鲜明的对比。

辅导班的形式多种多样，有 10 ~ 15 人的小班，也有一对一的辅导；有考前辅导班，也有课程同步辅导。从小学到高中各个层次的辅导班都有。不要说国内的大中城市了，以县城为例，中学 6 年，如果每名学生每年在辅导班上的花销为 3000 元，6 年中的总消费就是近 2 万元。原先只是一些成绩中等的学生是辅导班的辅导对象，现在有很多优秀学生也开始成为辅导班中的成员，“先学班”是这些优秀学生的必然选择。“课外辅导”这种教育消费品牵动着两代人（父母、孩子）甚至是三代人（父母、孩子、祖辈），面对排山倒海的“辅导班”，有哪个家长不想一想“是否参加”的问题呢？如果不参加，自己的孩子就可能被其他孩子超过。在这种心理影响下，教育消费群体的规模只会扩大不会缩小。

第一节　社会群体的内涵

社会群体是通过一定的社会关系结合在一起并且相互之间产生影响的集体。社会群体内部的成员之间由于相互影响而兴趣爱好趋同。社会群体可以按照地缘、血缘、兴趣爱好、收入水平、性别、职业、年龄等各种关系形成。人们为了比较方便认识具有相同性的个体，划分出来了各种各样的社会群体，并给其命名。

一个社会群体相当于一个“圈”，“圈”内的成员交往较多，彼此会模仿言、行。也许某个社会群体中的个体并没有感觉到自己属于某个群体，但在他人眼中这个人就是某个社会群体中的一员。

只要是属于某个社会群体中的成员，就一定带有这个社会群体的“普遍性特征”。商家在摸清了这样的“规律”后，在实施营销策略的时候就会达到事半功倍的效果。

社会群体虽然在学术上是按照一定的依据进行划分的，并且各个社会群体之间具有明确的界限，但某个成员同时在几个社会群体中“兼职”的情况也是存在的。

有了社会群体这个概念，并且在这种理念下认识社会成员后，商家就可以对消费者按“群”或“类”进行“攻击”，这就省去了更多的工作成本。

第二节　社会群体的特征

一、联系紧密

处于一个群体中的成员相互之间的联系较为紧密。成为某个群体中的成员后以及为了成为这个群体中的成员，都要与该群体中的既有成员通过各种方式建立联系。“只有与那样的人经常说话才会模仿那样的说话方式”。同一社会群体中的成员交往比较紧密，在频繁地相互沟通中“传递情报”。例如，高校科研人员要定期地召开学术年会、学术交流会，彼此之间进行观点交流，让与会的人员了解学界的最新进展，交流越频繁，学术进展就会越快。

二、目标相同

社会群体内的成员由于具有共同的兴趣、爱好，交流起来非常方便，群体成员聚在一起都是围绕相似或者相同的目标。例如，从事服装设计的社会群体所讨论的问题是服装裁剪问题，从事烹饪的社会群体所讨论的是烹调技艺问题，装修师傅聚在一起的时候讨论的是怎样砌砖和贴瓷砖的问题。业内人士聚在一起通过讨论使自己的专业水平得到提高。群内的成员中，如果在任何方面都比其他人差，就是抱着学习的态度而来的。如果自己在某些方面超过了其他人，而在另外一些方面不如其他人，则可以通过切磋取长补短。行内人在交流的过程中，会让同行懂得人外有人、天外有天，更能在最大程度上激发人们交流的兴趣。外行人看热闹，内行人看门道。群体内部成员之间交流的过程中会从非常微观的角度讨论专业问题，彼此之间能够在较高水平上实现对话。

三、规范明确

每个行业都有自己的行为规范，社会群体也有自己的行为规范。这个规范有的时候是以文字方式明确的制度，有的时候则是长时期以来形成的道德规范，群体成员必须遵守。否则，就会被逐出群体。例如，习武之人就构成一个社会群体，进入这个社会群体的人就要遵守行规。如果有人阳奉阴违，如果有一天东窗事发，这个人在该群体中就会名誉扫地。电影《少林寺》中，当觉远励志成为一名正式和尚的时候，寺院住持开始向觉远宣布少林寺的清规戒律：不杀生、不偷盗、不淫欲、戒酒肉。只要成为少林寺中的一员，就需要将这样的信条记在心头，所有人都必须遵守。再如，作为教师这个群体，“师德”也是千百年来形成的一个规范，这个规范很难用数学的方式进行量化，但人们非常清楚教师应该做什么和不应该做什么。除了教师法中规定的条款之外，还有人们必须遵守的道德规范。这些都构成了“行规”的重要内容。

四、行为一致

同一社会群体中的成员的行为是一致的。社会群体中的每个成员可以在协调一致的基础上形成强大的凝聚力。社会群体可以是一个临时性的组织，也可以是长期存在的稳定的组织。祖祖辈辈生活在一个村子中的村民就是一个稳定的组织，群体中的成员相对稳定，人们为了改变生存面貌——将穷村变成富村，就要为实现这样一个目标而共同努力工作。一个企业中为了攻克一个技术难题，将企业中的各个部门的技术能手组织起来，成立一个临时性的组织，大家的目标也是一致的：就是要攻克技术难题，在难题解决后，大家都要回到原来的工作岗位。无论是什么样的社会群体，成员的行为肯定是一致的。大家虽然是来自“五湖四海”，但有一个共同的目标，行为必须高度一致。

五、相互感染

社会群体中的成员由于交往频繁、目标一致、兴趣相同，所以彼此会产生较强的影响。同一社会群体中的成员在长期的生存过程中会形成独具特色的文化氛围，只要是进入到这个群体中来，就要接受这个群体的文化。社会群体中的氛围就像一个大染缸，这个群体中的所有成员具有一样的“颜色”，思维方式、行为举止、目标取向、价值观念等都具有高度一致性。每个成员在这种强大的力量面前都显得很渺小，人们在这种强大的力量面前需要做的就是“遵守”。社会群体内部的文化需要相当长的时期才会发生变化。新加入的成员用其新思想对群体内的既有文化形成“冲击”，群体内的既有文化对新加入进来的成员的思想进行浸染。二者在长时期的磨合过程中，使得群体文化慢慢发生变化。二者之间相互影响的过程中，群体中的既有文化处于强势，往往会将新加入者的思想“吞没”，从而保证了群体中文化的均质性、同一性。

第三节　几种主要的社会群体

社会群体按照不同的依据可以划分为很多类型，诸如友谊群体、癖好群体、利益群体、职业群体、年龄群体、性别群体等。不同群体有不同的目标，同一个人可以为了不同的目标而加入到不同的群体中，即同一个人可以生活在不同的圈子中。丰富多彩的社会群体类型，为人们的生活提供了多样化的选择。

一、友谊群体

“人是旧的好，酒是陈的香”，纯真的友谊并非短时间内能够建立起来的。对友谊的需求属于马斯洛需求层次理论中高层次的需求。通过组建友谊群体，每个成员都不再觉得势单力孤，力量强大之后就可以做出更大的成绩。

二、癖好群体

具有相同癖好的人聚集在一起就形成了癖好群体，大家志趣相投，具有相同的兴趣爱好。例如，“书法协会”“美术协会”“雕刻协会”“车迷发烧友”“野外探险俱乐部”等，这些组织中的成员都具有相同的兴趣爱好，这些志同道合的人聚在一起就可以将自己的兴趣爱好发展到极致。以“野外探险俱乐部”为例，这些人开着越野车，带着足够的给养以及必要的探险设备，到沙漠、原始丛林中“探索奥秘”，虽然迷路、失踪的事情时有遇到，但那种“前仆后继”的精神始终不减，很多后继的追随者加入到这个阵营当中来，这些人认为这就是人生的乐趣。

三、利益群体

每个人的力量是单薄的，借助集体的力量就可以实现个人的愿望，其他人也可以借助自己的力量实现个人的愿望，于是，人们会以利益链条结成各种群体。群体内的成员由于会形成稳定的联系，大家相互帮助、彼此关照，从而具有更多的赚钱机会。群体内的成员由于联系紧密，所以情感也是比较稳定的，成员之间可以建立相对持久的联系，彼此之间形成长久的合作关系。经济学上讨论到市场结构的时候，会论及完全垄断、完全竞争、垄断竞争和寡头垄断等4种类型的市场。实际上，商家之间除了垄断和竞争的关系外，还存在合作关系。当商家的规模都很大，在市场上的影响力都足够强的时候，通过白热化的竞争谋求市场的主动权的策略是不可取的。商家之间可以通过共谋的方式分割市场，在这种情况下，每个商家都可以通过占有一定的市场而保障自己的利益，同时也不会伤及竞争对手的利益。这时候，实际上在竞争性的商家之间就形成了一个利益群体。为了不至于在竞争中造成不必要的损失，商家之间通过构建利益群体的方式建立竞争基础上的合作，从而形成了一个难以攻破的利益堡垒。

四、职业群体

相同职业的人具有共同关注点，彼此之间有共同的话题。通过直接或者间接的方式就会形成一个社会群体。相同职业的社会成员之间打交道的机会是比较多的，一个职业实际上就是一个圈子。例如，教师群体、医生群体、律师群体等。每个职业都有自身的行为规范，从一个职业进入到另外一个职业，就要重新学习，需要有一个较长时间的适应过程。相同职业的人虽然彼此不认识，但彼此交流的时候，对对方的语言都很熟悉。在市场经济条件下，社会分工越来越精细化，社会分化出了越来越多的职业，这也为商家提供了更多的赚钱机会。只要能够认真对市场做出分析，就能够让自己的智慧切入市场缝隙。

五、年龄群体

子代与父代之间由于年龄相差较大而在思维观念等方面有很大的差异，这就是代沟。同一年龄层次的人之间有共同语言。商家不仅要从职业、收入等方面认识消费者，还要从年龄层面认识消费者，这也是从外观上最容易识别的层面。针对不同年龄的消费群体，商家要通过不同的销售策略抓住消费者的心，让消费者甘于用真金白银为自己的商品投票。

第四节　社会群体的类型

一、正式群体和非正式群体

正式群体即正式组织。正式组织具有目标清晰、体系完整、层次复杂、分工明确、权责对等的特点。人们日常生活中见到的政府机关、企业、事业单位中基于行政关系划分出来的部门、单位等形成的群体就是正式群体。正式群体是效率逻辑建立起来的。人们到这样的组织中，在高效率协作基础上完成组织的目标，推动组织的发展。每个人都是组织发展的动因，每个人也都从组织的发展中受益。与此相对应，非正式组织是以情感为逻辑的，这是建立在血缘、情感、爱好等基础上的群体组织。大家参与到这样的组织当中来，虽然有共同遵守的约定，但这种约定并不像正式组织中群体成员遵守的制度那样严格。图 8-1 展示的是正式组织与非正式组织之间的关系。图中的正式组织是由实线连接起来的矩形框，非正式组织则是由虚线椭圆圈起来的部分（图 8-1 中有 3 个非正式组织）。从图 8-1 中可以看出，非正式组织是穿插于正式组织之间的，可以在原有的正式组织基础之上建立，这时正式组织与非正式组织就融为一体了；也可以完全与非正式组织不同，散见于正式组织之间，有志趣相投的组织成员通过“民间”的方式建立起来。正式组织是通过“命令”建立起来的，而非正式组织则是通过“自愿”方式建立起来的。非正式组织对正式组织的发展可以起到促进或者阻碍作用。聪明的企业管理者在管理过程中要善于发现正式组织中存在的非正式组织，充分发挥非正式组织的正面效用，对正式组织的存在和发展产生促进作用。正式组织与非正式组织总是交织存在的。在有正式组织的地方就有非正式组织存在。忽视非正式组织的作用，正式组织的发展就会受到阻碍。

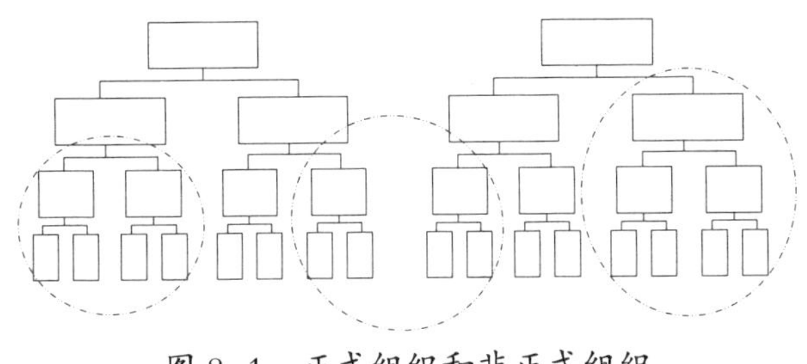

图 8-1　正式组织和非正式组织

二、隶属群体和参照群体

“隶属群体”和“参照群体”也是对消费者具有重要影响的两个群体，在不同程度上对消费者潜移默化地发挥着作用。隶属群体是消费者实际成为其中一员的群体，这是消费者从属的组织。如消费者作为家庭、工作单位中的一员，对于家庭、工作单位存在隶属关系。消费者成为某隶属群体的成员后，就要按照隶属群体的思维方式约束自己的行为，与隶属群体的思维方式等都要保持一致，这样才能够有利于自己日后的发展。参照群体是消费者作为自己的参照对象的群体。参照群体是消费者自身发展方向的外显。消费者以什么样的群体为参照，就说明消费者希望自己成为什么样的人。参照群体的状况一般会等于或高于自己。每个消费者都会从自身的条件出发，在内心深处构建自己的一个参照群体，自己虽然不是这个群体中的人，但可以打造出与这个参照群体中相似的生活方式。

隶属群体是消费者目前置身于其中的群体，参照群体是消费者目前不隶属于这个群体但希望成为与这个群体成员一样的群体。消费者虽然置身于某个群体，但往往会对这个群体不满意，于是会通过自己的努力，从这个群体中跳出去。对于一个个体而言，参照群体与隶属群体是不断变化着的。人们会变化自己的隶属群体，在生存环境变化之后，就会有新的参照群体，自己也会从参照群体的“局外人”变成“局内人”。这时候，曾经的参照群体就变成了自己的隶属群体。这时候，自己从“量”到“质”就发生了全方位的变化。

三、主要群体和次要群体

主要群体是群体成员需要经常见面和保持亲密交往的群体。次要群体是群体成员虽然不需要经常见面和交往但需要周期性地、有组织地产生社会关系的群体。人们一生中不但要与主要群体打交道，还要与次要群体打交道。就群体成员数量而言，主要群体的成员数量一般要少于次要群体的成员数量。主要群体诸如家庭等，这些群体中的成员是要频繁打交道的，离开了这些群体，人们就没有办法生存了。人们生活在世界上，就要建立自己的关系网，人们就要不断地与这个关系网中的成员打交道。与主要群体中的成员打交道相对比较频繁，而与次要群体成员打交道的次数相对就会较少。

家庭是一个人的主要群体，这是以父母为核心、以父母和兄弟姐妹为主要成员建立起来的社会群体。家庭成员无论离家多远，“家”总是自己的一个牵挂。如果说孩子是“地球”，父母就是“太阳”。每年春节前，在外面漂泊的人总是要冲破万千“险阻”，回到父母的身边，这不是为了一顿团圆饭，而是为了心中积存的那份亲情。与父母吃上一顿热腾腾的水饺，比饭店中所有味道的水饺都要香上数百倍，因为饭店的水饺中没有父母的味道，而父母为自己精心准备的年夜饭中充满了亲情、关爱。主要群体中的成员的思维方式、生活准则、人生价值、交往圈层等都会在一定程度上相互影响。主要群体对人们的生存非常关键，一般会伴随人的一生。次要群体往往会在人的一生中不断变化，从这个次要群体中退出加入到另外的次要群体中是常有的事情，这是因为随着人们生活条件不断变化，人们的注意力也在不断转变，人们选择进入的社会群体也会发生变化。

第五节　网络消费行为

一、梅特卡夫定律

梅特卡夫定律是由罗伯特·梅特卡夫提出的，该法则基本内容是网络价值等于网络节点数的平方。梅特卡夫定律背后的理论是网路外部性，即网络的使用者数量越多，任何一个网络使用者都会从中受益，网络给用户带来的收益是随着用户数量的增加而呈指数规则递增的。在网络消费中存在着边际效用递增现象，这与传统消费模式中存在的边际效用递减规律正好相反。根据梅特卡夫法则，网络消费模式下存在需求方规模经济效应，即消费者对某种产品（服务）使用者越多就会引发更大的需求，这会为商家更大程度地节约成本，激发产品（服务）供给方更大的积极性，从而刺激网络消费规模进一步扩展。联网的用户越多，网络的价值也就会越大，网络消费需求也就会越高。网络消费是社会经济发展的必然趋势，但由于这种消费方式与传统消费方式是有很大差异的，这要求消费者尽快地和积极地介入这种消费方式。消费者需要尽快转变观念，积累网上购物的经验，尽快适应这种消费方式，但消费者在享受便利的同时也要承担信息搜寻以及网络安全等成本。

二、网络消费的影响因素

网络消费虽然能给消费者带来很多便利，但很多消费者还是倾向于到实体店中购买产品，有很多因素影响着网络消费。

①消费者的态度。不同消费者对网络消费的态度是有很大差异的，当消费者对网络消费持否定态度的时候，消费者就不会发生网络消费。

②消费者以往的购物经验。消费者在网络购物时如果发生过不愉快的事情，并且问题并没有得到妥善解决，再次进行网上购物时就会心存疑虑。所以，消费者的以往购物经验会对消费者的后继消费行为产生同方向的影响。

③购买对象的价值。在购买对象价值较低的时候，消费者一般会从容做出购买决策；但当购买对象的价值较高时，消费者往往会变得很谨慎，这时候即使实体店中的同款产品价格相对更高些，消费者也会到实体店中购买。

④购买对象的特点。消费者可以通过网络消费方式购买书籍、食品、软件等，这些产品都是比较适合网络消费的。虽然网络消费的对象在不断拓宽，但诸如首饰、家电、服装以及易碎产品等，在网上购买时还是应该谨慎行事。

⑤网店吸引力。不同网店给消费者产生的第一印象是有很大差异的。如果网店的产品非常丰富，并且网页的质量较高，网页的点击率就会较高，这样的网店就会有较多的人气。消费者在购物时自然会选择综合评级指标靠前的网店，在循环累积效应下，这样的网店就会有越来越好的生意，消费者也会经常光顾这样的网店。

2009 年 11 月 11 日实际上与其他的日子一样，没有什么不同。但正是这样一个日子，一个销售传奇被阿里巴巴创造了出来。

2014—2018 年，天猫的“双 11”的销售纪录分别为 571 亿元、912 亿元、1207 亿元、1682 亿元、2135 亿元。有人说，“双 11”实际上就是网络购物狂欢节。只要商家的促销策略与消费者的喜好合拍，商家就能够赚得盆满钵满。

三、网络消费的特点

网络消费虽然是一个新生事物，但在较短时间内就迅速成长起来，虽然年轻消费者是网络消费的生力军，但中老年消费者参与网络消费的也大有人在。网络消费与传统消费方式相比较由于具有更多优势而赢得消费者的青睐。

①无地域约束。传统消费方式由于地域限制，使得供需之间存在严重的信息不对称问题。网络消费模式下，消费者与供应商通过网络联系在一起，供需双方是在充分信息下进行交易的，消费者可以非常方便地购买到如意的产品。网络消费方式可以打破国界，消费者可以在世界范围内选择自己需要的产品。

②节省时间。在实体店中购买产品时，消费者往往需要走几家商店才能够购买到理想的产品，消费者有时候感到身心疲惫。网络消费情况下，消费者只需要在电脑前或手机上点击网页即可，而且产品都是经过科学分类的，消费者在较短时间内就能够浏览很多产品，可以为消费者节省大量时间。

③物美价廉。网络购物情况下，由于所有的产品信息都展示在网页上，在买家与卖家之间不会存在信息不对称问题，消费者是在一个完全竞争市场环境中购物，同一款产品的价格不会相差很大，消费者能够以更为合理的价格购买到如意的产品。

④差异需求得以强化。网络购物环境中，商家与消费者之间能够更好地互动，商家可以根据消费者的需要及愿望配置个性化产品，也可以通过网页的精细化设计满足不同口味的消费者的需求，消费

者选择的空间更大、自由度更高。

四、网络消费存在的问题

网络消费虽然给消费者带来了很多便利，但这种消费方式还是会存在这样或那样的问题。

①消费者不理性消费。在网络购物过程中，消费者往往会出现跟风购买问题。每逢节假日，网店都会推出折扣或者有奖销售等优惠措施。在商家的诱导下，一些消费者就会扮演“购物狂”的角色，消费者疯狂购买，将商家长时间的积压产品买空。

②消费者缺乏保护意识。在网络购物时，消费者会将自己的很多信息提交到网络上。如果消费者的安全保护意识不够，一不小心就会将自己的隐私泄露出去，消费者会蒙受不必要的损失。

③商家信誉不够高。网络购物的依据就是网页上呈现的图片、报价以及其他信息。在产品规格相同的情况下，价格是让消费者做出购买决定的重要依据，但有些信誉不好的网店会以次充好，一些网店也会冒充旗舰店而销售给消费者伪劣产品，消费者会蒙受损失。

④支付系统安全隐患。网络购物需要用网银或者支付宝等网络支付工具首先向商家支付电子货币，而后商家才会给消费者发货，但由于网络支付系统的安全性问题，有时候会出现“消费者付了钱而商家没有发货”的问题，这是消费者最担心的问题。网络消费维权的成本较高，在消费者蒙受损失不太大的情况下，很多消费者选择忍气吞声。

⑤物流配送质量欠佳。网络购物是通过物流配送系统将商家与消费者联系在一起的。随着网络消费规模扩大，物流配送的物品范围也迅速扩展，物流企业的责任心与消费者网络购物的愉快程度是紧密联系在一起的。由于配送任务繁重，配送速度慢、丢失或损坏货物等问题会经常发生，这也会在一定程度上影响消费者的网络消

费介入度。

五、网络消费人群构成

研究表明，网络消费人群的年龄主要区间为 20 ~ 40 岁，其中 19 岁以下的人群占 26.2%，20 ~ 40 岁的人群占 30.1%，40 岁以上的人群占 43.7%。网络消费者的学历较高但收入不一定高，企业白领和在校大学生是网络消费群体中的主要成员。调查显示，网络消费人群选择网络消费的主要原因在于价格，该群体认为网络购物的价格相对较低，该群体对价格很敏感。在网络消费前，8 成的消费者都会到网络上了解相关信息，这样可以在同类产品中进行反复选择，并且可以通过用户的评价获得可靠程度更高的信息。18 ~ 25 岁的消费者网络消费的主要对象是箱包、鞋帽或者服饰，原因在于该群体年轻，更喜欢追逐时尚。25 ~ 35 岁年龄段的消费者倾向于购买母婴产品。就一般情况而言，虽然消费者网络消费的内容非常庞杂，但主要集中在服装、鞋帽、化妆品、护理品、百货、图书、音像、玩具等类产品层面。有很多消费者为了在网络上购买到如意的产品，一般会在实体店中看实物，然后按照产品规格到网络上购买，这样在网络消费中就可以尽量避免不必要的麻烦。随着技术不断发展，网店越来越多，网络支付手段的安全性也越来越高，网络消费更加倾向于智能化。网络消费的旁观者也会加入到网络消费阵营当中来，网络消费者的年龄段也在拓宽，网络消费正在向偏远地区渗透。随着移动购物模式的兴起，消费者随时随地都可以在网络上购物，未来的网络消费市场会发生巨大变化。

参考文献

[1] 亚当·费里尔，珍妮弗·弗莱明. 如何让他买 [M]. 王直上，译. 北京：中信出版集团股份有限公司. 2018.

[2] 戴维 L. 马瑟斯博，德尔 I. 霍金斯. 消费者行为学 [M]. 陈荣，许销冰，译. 北京：机械工业出版社. 2018.

[3] 曹静，祁雄，安映萱. 消费者行为学 [M]. 上海：同济大学出版社. 2017.

[4] 崔海燕. 习惯形成与中国城乡居民消费行为 [M]. 北京：经济科学出版社. 2013.

[5] 崔晓文. 消费中的经济学 [M]. 北京：清华大学出版社. 2012.

[6] 单凤儒. 营销心理学 [M]. 北京：高等教育出版社. 2018.

[7] 符国群. 消费者行为学 [M]. 北京：高等教育出版社. 2015.

[8] 高博，宋艳萍. 消费行为分析 [M]. 郑州：河南科学技术出版社. 2012.

[9] 胡悦. 消费者心理与行为研究 [M]. 哈尔滨：黑龙江科学技术出版社. 2017.

[10] 刘飞燕. 消费者行为学 [M]. 南京：南京师范大学出版社. 2012.

[11] 刘敏. 绿色消费与绿色营销 [M]. 北京：清华大学出版社. 2012.

[12] 卢泰宏，周懿瑾 . 消费者行为学 [M]. 北京：中国人民大学出版社 . 2018.

[13] 陆剑青 . 现代消费行为学 [M]. 北京：北京大学出版社 . 2013.

[14] 潘建伟 . 居民消费行为比较研究 [M]. 北京：中国经济出版社 . 2009.

[15] 任淑荣 . 消费者行为学 [M]. 郑州：河南大学出版社 . 2013.

[16] 苏勇，梁威 . 消费者行为学 [M]. 北京：高等教育出版社 . 2013.

[17] 孙国锋 . 中国居民消费行为演变及其影响因素研究 [M]. 北京：中国财政经济出版社 .2004.

[18] 唐妍，郑凤阁 . 消费者心理与行为 [M]. 上海：上海交通大学出版社 . 2017.

[19] 王文华 . 消费者行为学 [M]. 北京：中国物资出版社 . 2012.

[20] 乌洪杰，赵鹏博，朱红英 . 消费者行为分析与实务 [M]. 北京：北京交通大学出版社 . 2017.

[21] 武慧俊 . 当代中国消费文化研究 [M]. 北京：中国农业科学技术出版社 . 2013.

[22] 徐俊昌 . 消费者行为学 [M]. 北京：机械工业出版社 . 2012.

[23] 杨大蓉，陈福明 . 消费心理理论与实务 [M]. 北京：北京大学出版社 . 2013.

[24] 杨尚君 . 终极消费 [M]. 北京：中国水利水电出版社 . 2013.

[25] 杨中昭 . 消费者行为学 [M]. 成都：电子科技大学出版社 . 2012.

[26] 袁少锋 . 中国人的炫耀性消费行为：前因与结果 [M]. 北京：中国经济出版社 . 2013.

[27] 周斌 . 消费者行为学 [M]. 北京：清华大学出版社 . 2013.

后　记

“消费者行为学”是门非常复杂的学问，是介于经济学和管理学之间的学科，说到底是管理者的事情，正像著名管理学家西蒙所说，决策贯穿管理过程的始终。管理者每天应对的问题就是决策，无论是大决策还是小决策，这才是研究经营之道的实践家。作为书斋里的教书先生，我们的工作主要是理论教育，实践经历无论如何也不如企业家。所以，本著作在表述一些看法时肯定有一些不着边际的地方，如果著作中的某些观点与学界同仁的观点相抵触，希望能够得到学界同仁的批评和指正。

感谢我们的学生们，是他们在课堂上与我们针锋相对地交流思想，是他们不加保留地将自己的思想奉献给我们，使我们在本著作的写作中有了更多的灵感，从而使得文章的内容更加丰富。学生是我们一生中最可宝贵的财富，有了你们我们才快乐，我们才会不知疲倦地写出想法，并通过认真备课与你们交流思想，希望你们在读完此书之后能够给我们以批评和指正，以便我们能够有更大程度的提高。感谢你们！

由于我们的能力有限，书中出现错误和疏漏在所难免，敬请各位读者能够海涵和谅解，也希望读者能够提出宝贵意见和建议，以便在出版后期著作时极力克服，以期能够提高著作质量。

石兵营　孟祥林

2019 年 8 月于华北电力大学